重庆市少数民族文化系列丛书

重庆市少数民族碑刻楹联

CHONGQINGSHI SHAOSHU MINZU BEIKE YINGLIAN

/ 丛书主编 杨如安

本册主编 代 银

副 主 编 薛 涓 张华艳 张志敏

王 瑶 刘红梅 余发友

重庆市民族宗教事务委员会『十二五』民族文化重点项目

西南師範大學出版社

国家一级出版社 全国百佳图书出版单位

图书在版编目（CIP）数据

重庆市少数民族碑刻楹联 / 代银主编. — 重庆 : 西南师范大学出版社，2015.8

ISBN 978-7-5621-7390-8

Ⅰ. ①重… Ⅱ. ①代… Ⅲ. ①碑刻—汇编—重庆市②对联—作品集—中国 Ⅳ. ①K877.42 ②I269

中国版本图书馆CIP数据核字（2015）第245830号

重庆市少数民族碑刻楹联

代银 主编

责任编辑：李 玲 周明琼

封面插画：刘 洪

装帧设计：尚品视觉 CASTALY 周 娟 廖明媛

排 版：重庆大雅数码印刷有限公司·文明清

出版发行：西南师范大学出版社

网址：http://www.xscbs.com

地址：重庆市北碚区天生路2号

市场营销部：023-68868624

邮编：400715

印 刷：重庆紫石东南印务有限公司

开 本：720mm×1030mm 1/16

印 张：14

字 数：269千

版 次：2015年11月 第1版

印 次：2015年11月 第1次印刷

书 号：ISBN 978-7-5621-7390-8

定 价：49.00元

Zongxu 总序

渝东南是重庆市的少数民族聚居区。在这片1.98万平方千米的土地上，生活着土家族、苗族、侗族、彝族、蒙古族等多个少数民族。这里是武陵山区的一部分，山势陡峭，峡谷幽深，溪流众多；这里是我国东西民族文化走廊和南北民族文化走廊的交汇处，文化悠久，史载丰富，民风淳朴；这里是鄂、渝、湘、黔四省（市）的交汇处，各个民族相互交融，相互学习，难分彼此。

一、渝东南奇特的自然环境及其经济发展

渝东南地区地处重庆市的东南部，包含酉阳土家族苗族自治县、秀山土家族苗族自治县、黔江区、彭水苗族土家族自治县、石柱土家族自治县以及武隆县，面积为1.98万平方千米。其主要地形为山地，喀斯特地貌遍布全境。

境内山势陡峭。武陵山覆盖全境，有大小山脉一百多座，如武隆仙女山，彭水摩围山、独勇寨山、壶头山、盈川山、伏牛山，黔江八面山、酉阳山、灰千梁子，酉阳巴惯山、百岁山、翠屏山、玉柱峰、钟灵山，秀山大峰门山、寿山、黄牛山，石柱的石柱山等。此地区关隘丛立，如黔江石胜关、白崖关、老鹰关、梅子关，酉阳凉风关、威武关、北平关，石柱石潼关、硅蒲关，彭水天池关、亭子关，常有“一夫当关，万夫莫开”之势，很多时候成了兵家必争之地，历史上曾有“环酉皆山，绕以溪流。旧传有九溪十八洞”的记载。

境内高山林立，峡谷幽深。黔江有官渡峡、神龟峡，连现在的黔江新城与旧城之间也是一个大峡谷相连接，因此有“峡江峡谷之城”的说法。彭水有神龙谷，峡谷四周林木葱茏，峡内翠竹环绕，灌木丛生，植被茂盛，溪流淙淙，飞瀑高挂，溶洞密布。酉阳有笋岩大峡谷，峡谷两岸群峰俊秀，峡谷最宽处10米左右，窄的地方仅有两米多。

境内溪流众多，其中有两条河对渝东南的发展至关重要，成为渝东南人民的母亲河，这就是乌江和酉水。乌江发源于贵州，从沿河土家族自治县进入重庆酉阳。自流入渝东南以后，经过了酉阳、秀山、黔江、彭水、武隆等区县，沿途有甘龙河、小河、阿蓬江、洪渡河、诸佛江、阿依河、郁江、芙蓉江、清水溪、大溪河、麻溪河等众多支流汇入，成为古代渝东南最重要的水上交通运输线。发源于湖北宣恩县的酉水经过酉阳、秀山，流入湖南省沅陵县，汇入沅江，在渝东南流经200多千米，有梅江、平江、岑龙河、马路河、麻旺河、大江溪等溪流汇入，成为古代酉阳、秀山两县的主要水上交通线。

正是渝东南的自然环境，造就了渝东南人民独特的生产和生活方式。在农业方面，渝东南地区由于受到地理环境和气候的影响，玉米与荞麦成为主要的粮食作物。如彭水"境内山多田少，近水平陆处颇可种植粳稻，其高山深谷多种御麦及荞稞为食。农民勤苦终岁，仅足自给。间有充裕之家，亦不过积谷数百斛而已。遇荒歉，辄以赈贷乡邻，无闭籴以厚自封殖者"。[①]黔江、彭水、秀山、石柱只有部分地区适合种植水稻。黔江在清代"民食稻米而外，包谷为大宗，兼以酿酒，贫富利赖山野，居民多种蕃薯、洋芋，或掘蕨粉，以备食用之不足"。[②]在矿石开采方面，秀山主要有锑矿、锰矿等。清代以后，"锑则湖南益阳、邵阳、新化、沅陵、慈利、湘乡、祁阳、新安、溆浦，贵州铜仁，四川秀山……或官办，或商办，或官商合办。或用土法，或用西法"。[③]在工商业方面，彭水郁山镇的盐业及其产业链影响甚大。除此以外，茶叶、桐油、生漆、山货也是主要的贸易产品。秀山"擅桐油之利，以故江右楚南贸易者麇至，往以桐油，返以棉花，年来更为辐辏"。[④]清朝道光年间以后，养蚕及缫丝也成了彭水、黔江的一项主要产业。黔江"道光初年以来，城乡多植桑树，每至养蚕之候，男女采桑不倦。茧成，取生丝自织出售，较卖丝者其利差厚"。[⑤]彭水"邑内旧无蚕桑，妇女惟勤纺织。近年境内多养蚕缫丝者，茅田、细沙等乡，纺棉织布，机声相闻，妇女皆有恒

① [清]庄定域修，支承祜等纂，《彭水县志》，光绪元年刻本，总四卷首一卷，卷三《风俗志》。

② [清]张九章修，陈藩垣、陶祖谦等纂，《黔江县志》，光绪二十年刻本，总五卷首一卷，卷五《风俗志》。

③ [清]赵尔巽等撰，《清史稿》，卷一百二十四《食货志》，北京：中华书局，1976。

④ [清]冯士瀛、冉崇文等编纂，《酉阳直隶州总志》，卷十九《风俗志》，成都：巴蜀书社，2009。

⑤ [清]张绍龄纂修，《黔江县志》，咸丰元年刻本，总四卷首一卷，卷一《山川志》。

业焉”。[①]以至于到了清代光绪年间，渝东南地区出现了较为繁华的景象："城内书贾坊肆，亦较前为多。邑当商贾未通时，民间衣止布素，食止鸡豚。近因各省通商，锦绣纨绮及山海珍错，市肆中皆可购买。"[②]

二、渝东南丰富的民族文化资源及其社会价值

由于渝东南地区奇特的自然环境，境内崇山绵亘，河流迂回，交通极其不便，出现了“蛮不出境，汉不入内”的现象，几乎与外界隔绝，成为名副其实的“桃花源”。生活在当地的少数民族同胞，与外界很少交往，也就保存了许多本民族特有的文化资源。许多的民族文化随着历史的沉淀、区域的融合不断积聚起来。这些民族文化内容极为广泛，既涉及民风、民俗、生产方式、生活方式等方面，也包括军体文化、教育传统、家族家规等内容。

（一）淳朴的民风

渝东南整个区域由于与外界交往较少，受外界影响较小，许多人一辈子很难走出大山，“日出而作，日落而栖”，养成了淳朴的民风，许多典籍都有记载。如石柱“土民俭朴，无骄侈奢诈之习，改流以来，生齿日繁，若俭而济之以礼，朴而辅之以文，庶彬彬是风，同归大雅”。[③]黔江“民性较厚，狱讼渐稀，囹圄每至空虚。长民者果能帅之以正，从善甚易”。[④]彭水县“民风淳朴，素无盗贼，乡村收获，咸露积拢亩，往来过客，不携行粮，投宿寻饭，无闭户者，其风气甚古”。[⑤]酉阳“然自改土来，沐浴四十年之教，农安稼穑，士习诗书，风气断断乎一变”。[⑥]这些史料都充分说明了渝东南地区在历史上形成了良好的民风。这些良好的民风直至今天，对渝东南人民还有着很大的影响。

---

① [清]庄定域修，支承祜等纂，《彭水县志》，光绪元年刻本，总四卷首一卷，卷三《风俗志》。

② [清]庄定域修，支承祜等纂，《彭水县志》，光绪元年刻本，总四卷首一卷，卷三《风俗志》。

③ [清]《嘉庆重修一统志》，《中国古代地理总志丛刊·酉阳直隶州》，卷四一七，北京：中华书局，1986。

④ [清]张九章修，陈藩垣、陶祖谦等纂，《黔江县志》，光绪二十年刻本，总五卷首一卷，卷五《风俗志》。

⑤ [清]冯士瀛、冉崇文等编纂，《酉阳直隶州总志》，卷十九《风俗志》，成都：巴蜀书社，2009。

⑥ [清]冯士瀛、冉崇文等编纂，《酉阳直隶州总志》，卷十九《风俗志》，成都：巴蜀书社，2009。

（二）简朴的婚俗

渝东南地区的婚俗非常简朴，没有大肆铺张的传统，也没有买卖婚姻的现象，都是按照地方的约定俗成。如黔江“止凭媒证，不取聘财，如许聘，先临女家，以插香为定，男家乃备礼物服饰，父兄与媒妁率子弟至女家叩谢，名曰谢允。男女十六七岁方完婚，无男大女大之风”。[①]酉阳“凡两家结婚，先以媒妁之言，既允，即嘱媒妁持果盒、香、烛、布、帛、鸡、酒等物至女家为聘，谓之插香；女家寻将女之生年日月书红笺上，仍嘱媒妁持赴男家，谓之发庚；将娶前期三日，女家置酒邀婿会亲友，谓之过门。至期，男家鼓乐迎女至家，行合卺礼。三日庙见”。[②]秀山“择门户之相当者，媒妁既有成说，然后具礼为聘。成婚之日，婿不亲迎，惟以鼓吹肩舆迎女至家。上堂交拜毕，入室行合卺之礼，妆奁称家贫富”。[③]彭水县“男女婚聘，以媒妁拜允为重，行聘以簪服烛酒，无聘金彩币，嗣有请庚、报期、亲迎，尚存古礼”。[④]这种简朴的婚俗，既体现了渝东南人民的淳朴，也表明了对婚姻和爱情的真诚。

（三）薄葬的丧俗

虽然渝东南大部分地区仍然实行土葬，但其民风提倡“厚养薄葬”，强调对家中老人的孝道，注重人生的养育。黔江“丧礼：小殓、大殓胥遵古制，殓后多演行文公家礼。一二日择吉便葬，从无久停柩者。地用佳壤，亦不苛择牛眠。祭礼：宗祠颇少，每遇佳节，庆祝而已。惟七月中元，士民概备信袱接亡，设供中庭荐新。若清明扫墓，与他处同”。[⑤]酉阳“初卒，焚纸锭，设灵，棺殓。每七日必招僧道讽经，为之念七。将葬，讣告亲友，先期设祭，谓之开奠。至期，朝暮奠哭无时，亲友亦持楮币或酒盒猪羊致祭。既葬，虞祭、除灵，或三年后始除”。[⑥]秀山“大小殓毕，男女始擗踊举哀，置灵座，焚楮币，停柩于堂，择吉设奠，讣告亲友。至期，有朝暮奠题主等礼，亲友亦以牲牢酒醴致奠。出殡之

① [清]冯士瀛、冉崇文等编纂，《酉阳直隶州总志》，卷十九《风俗志》，成都：巴蜀书社，2009。

② [清]冯士瀛、冉崇文等编纂，《酉阳直隶州总志》，卷十九《风俗志》，成都：巴蜀书社，2009。

③ [清]冯士瀛、冉崇文等编纂，《酉阳直隶州总志》，卷十九《风俗志》，成都：巴蜀书社，2009。

④ [清]冯士瀛、冉崇文等编纂，《酉阳直隶州总志》，卷十九《风俗志》，成都：巴蜀书社，2009。

⑤ [清]张绍龄纂修，《黔江县志》，咸丰元年刻本，总四卷首一卷，卷二《风俗志》。

⑥ [清]冯士瀛、冉崇文等编纂，《酉阳直隶州总志》，卷十九《风俗志》，成都：巴蜀书社，2009。

日，择有德望者代祭舆神河伯，所送明器陈于殡前。既葬，反哭，奉主置灵座内，朝夕奉祀，惟谨三年，礼始毕”。[①]彭水“丧事无停柩于室者，成服后即营葬。事将发，引鸣锣以招其亲邻族姓，曰伴夜送殡。返，供灵座于室，或一年或三年，虔修佛事，以除灵，丧事始毕”。[②]这种厚养薄葬的习俗，现在在渝东南地区还有很大的影响力。

（四）艰苦的生活

渝东南的生产方式主要是根据其地形、地势和气候特点而进行种植、养殖。如石柱“民以食为天。土人惟食稻，且惟知艺水稻。厅地山多少平原，凡围者曰田，不围者乃曰地。山腰山脚绝无水泉可引，亦概围之曰田。春雨满其围，蚩氓欣喜插秧。入复五日不雨，则秧槁，乃呼吁祈祷。十岁经七八，劝之去围，以艺他谷或旱稻，不信也。故谋麦粱菽皆仅见，山地最多者包谷，以其根大易长，人食有余，即可酿酒饲豚，岁计收成分数，包谷为水稻之辅也。农不知粪圃，亦不知粪，故园蔬瘦小，蔬不肯恁采，果不待熟鬻。岁歉则掘蕨根为粉食之”。[③]此外“厅境山多田少，田宜秔稻，山地艺菽麦，亦艺棉花。土至瘠薄，全恃雨泽，不耐十日旱。雨甚大，亦畏之，恐刷去浮土即成石田矣。南境深山，惟玉蜀黍可种，贫民资以为粮，罕食稻米也”。[④]

饮食以本地出产的水稻、苞谷、荞麦等物为主，饮酒主要用本地出产的苞谷酿造，俗称“苞谷酒”。如黔江“民间日食以包谷为重，并用以酿酒。居民多种蕃薯、洋芋，兼取蕨粉以备冬夏食用之不足。每日朝饔夕飧，无燕饮消夜之俗”。[⑤]此外石柱的咂酒也颇为有名。“厅人酿酒，制秔米或黍、稷、粱、粟，贮磁瓶中，月余始熟，将燕客以热水注满，截细竹通其窍，如瓶底吸而饮之。浅则添水，至味淡乃止，谓之咂酒”。[⑥]

这种因地制宜的生产及生活方式很多都流传至今，如食用蕨粉、绿豆粉，生产苦荞酒、苞谷酒、咂酒等。

---

① [清]冯士瀛、冉崇文等编纂,《酉阳直隶州总志》,卷十九《风俗志》,成都:巴蜀书社,2009。

② [清]冯士瀛、冉崇文等编纂,《酉阳直隶州总志》,卷十九《风俗志》,成都:巴蜀书社,2009。

③ [清]王槐龄纂修,《补辑石柱厅志》,道光二十三年刻本,总二册十二卷,卷六《风俗志》。

④ [清]王槐龄纂修,《补辑石柱厅志》,道光二十三年刻本,总二册十二卷,卷六《风俗志》。

⑤ [清]冯士瀛、冉崇文等编纂,《酉阳直隶州总志》,卷十九《风俗志》,成都:巴蜀书社,2009。

⑥ [清]王槐龄纂修,《补辑石柱厅志》,道光二十三年刻本,总二册十二卷,卷六《风俗志》。

（五）艰难的劳作

渝东南艰苦的自然环境使得老百姓劳动强度加大，劳动时间加长，劳动区域拓宽，劳动收成却减少。老百姓既要考虑天时，又要考虑地利，还要预防野猪等的侵害。这种靠天吃饭的生产方式使得老百姓特别注重农时，按照农历的24个节气安排农事生产，尤其是立春、春分、夏至、冬至等节令备受重视，要举办相关的仪式。如立春的时候，要举行迎春、说春、打春等活动。其中与农事极为密切的插秧节最具区域特色。每年的农历四月，等秧苗长到五六寸长，乡人集体栽插，“集众数十人，择二人为众信服者分司钲鼓，鸣鼓击钲以督众，曰打闹。（打闹之事行于插秧者，少行于芸苗者，多水田山土、薅茶去蓼之际，所在皆然。司钲鼓者亦不必为众信服之人，但视其能歌与否，彼等所歌，皆育词、小说、七字成语，此歌彼和，嬉笑诙谐，互相酬答，盖不惟用以督众亦所以节劳也。）”[①]其后还在薅秧的时候，唱起薅秧歌，认为薅秧能够去稗子、除杂草而养嘉禾。薅秧、薅草能够让收成增倍。（“薅秧有一薅、二薅与三薅者，薅之勤，则粟壳薄而米粒坚。故农家作劳，其用力至者，其收自倍也。山土之薅草亦然。”）[②]

对农事节令的格外重视，一方面体现出渝东南是以农业生产为主体，对农业生产极为重视；另一方面也体现出渝东南地区自然环境极为恶劣，不能错过时节，否则就可能造成全年无收。艰苦的环境使他们养成了勤劳的品质。

（六）敬畏自然的祈祷

渝东南地区自然环境恶劣，“靠天吃饭”使人们格外敬畏自然，再加上科学知识没有普及，人们总相信在冥冥之中有一位看不见的神灵在左右着生活。因此凡是人们身体有疾病、生活有困难、邻里有纠纷、气候有异变等都向神灵祈祷，或举行一些祈福的活动，至今在农村还生活着一些“跳神”的端公、梯玛等。酉阳在清代“凡卧病服药不效，则招

① [清]王麟飞等修，冯士瀛、冉崇文等纂，《增修酉阳直隶州总志》，同治三年刻本，总二十二卷首一卷末一卷，卷十九《风俗志》。

② [清]王麟飞等修，冯士瀛、冉崇文等纂，《增修酉阳直隶州总志》，同治三年刻本，总二十二卷首一卷末一卷，卷十九《风俗志》。

巫祈禳，亦有愈者”。[①]黔江“每岁孟夏，或设坛玉皇阁，东楼，南楼，斋醮数日。文武官亦诣坛上香，为民祈福”。[②]秀山“遇有疾病，颇信巫觋，或白昼吹角跳舞，呶呶不休，俗谓之跳神”。[③]彭水“民俗信事鬼神，乡里有争角，辄凭神以输服，有疾病，则酬神愿，大击钲鼓，请巫神以咒舞。又云：神之最灵者曰羊愿，设坛于旷野，宰羊以祀，虔奉羊首，以问福祸。又云：井灶之祀神尤灵验，如经年不祀，辄有崩崖、破锅、伤人等，应其奉祀最虔，以一人扮舞咒诵，并非寻常经忏，似有神物凭依之，仅令一人工其事，不至以传习者。”[④]

当然，随着时代的进步，科学文化的普及，现在通过祈祷解决困难的方式已经越来越少，人们更加注重运用法律、医学、科技等手段改变命运或寻求支持，但渝东南地区的农村，敬畏自然的习俗并未改变。

（七）英勇善战的军体文化

渝东南地区，由于自然环境，以及长期处于多省交界处，成为“多不管”地带，导致盗贼横行，匪患猖獗。一些地方势力为维护自身的统治，就要蓄养一批地方武装。这些地方武装经常训练，强化身体素质。历史上，巴人勇敢，帮助周灭商，賨人帮助汉室平定“三秦”，射“白虎”。“秦并天下，以为黔中郡。薄赋敛之，口岁出钱四十。巴人呼赋为賨，因谓之賨人焉。及汉高祖为汉王，募賨人平定三秦。既而求还乡里，高祖以其功，复同丰、沛，不供赋税，更名其地为巴郡。”[⑤]到了元明清时期，土司制度的建立，更是大大发展了地方武装力量。“土司下的军队，是寓兵于农，全民皆兵，有事打仗，无事种田，把关守隘。练兵很严格，平素练习就是打猎，一人缚虎，二十人助之……以培养勇敢精神……从边境到土司府，设有烽火台，以烽火报警，士兵闻角声则聚……其田任其耕垦，不收租税，战则自带粮食，不给工食。”[⑥]石柱的秦良玉以及所带领的“白杆兵”更是家喻户晓、英勇善战的典型代表。根据《清史稿》的记载：“明末，张献忠屠蜀，石砫、酉阳、松潘、建昌等土司据

① [清]冯士瀛、冉崇文等编纂，《酉阳直隶州总志》，卷十九《风俗志》，成都：巴蜀书社，2009。

② [清]张绍龄纂修，《黔江县志》，咸丰元年刻本，总四卷首一卷，卷二《风俗志》。

③ [清]冯士瀛、冉崇文等编纂，《酉阳直隶州总志》，卷十九《风俗志》，成都：巴蜀书社，2009。

④ [清]冯士瀛、冉崇文等编纂，《酉阳直隶州总志》，卷十九《风俗志》，成都：巴蜀书社，2009。

⑤ [唐]房玄龄等撰，《晋书》，卷一百二十《李特载记》，北京：中华书局，1974。

⑥ 鄂西土家族简史编写组，《鄂西土家族简史》，1983。

险御贼，其地独全。”[①]“崇祯时，土司千乘及妇秦良玉，以功加太子太保，封忠贞侯。子祥麟，亦加封宣慰使。顺治十六年，祥麟子万年归附，仍授宣慰使职。”[②]“良玉忠州人，秦葵女，字贞素，性颖异，饶胆略，幼通经史，工词翰，且与兄邦屏、弟民屏同习骑射，究心韬略。长归千乘，仪度娴雅，而性行严明。农隙与千乘训练士兵，精劲冠诸部，兵器用长矛，后带钩环，登山涉水，前后相连，皆白木为之，不装饰，厥后屡立战功，石柱白杆兵遂著名海内。”[③]

（八）勤奋好学的教育传统

尽管地理位置较为偏僻，当地人较为贫穷，但渝东南地区的人们尊师重道有较为久远的传统。在渝东南的少数民族家庭，至今中堂都供奉有“天地君亲师”或者“天地国亲师”的牌位；在许多家谱里都有“仁义诗书”的内容；历史上酉阳也出现了冉天育、冉奇镳为代表的土司文学世家。一些地方志还记载了当地的科举考风良好的事例。彭水“彭邑士人，尊师响学，虽僻壤山民，不求科第，亦多勤肄诗书者。此风在康熙前已然。近年则学校尤盛，城乡各处，弦诵相闻。届小试之年，应试者云集，考棚不能容，较前殆增数倍，且向少滥保、冒籍、鎗替诸弊，士风颇为纯朴”。[④]秀山“都人士天资明敏，勤呫哔，能文章，每岁生童与州合考数半于州，而岁科所入过之，惜学校未立，见闻固陋，科目亦复寥寥耳”。[⑤]这些都说明了渝东南有较好的教育传统和良好的考试风气。

（九）以教化为主的家谱族规文化

在对渝东南地区的考察中，我们在许多地方发现了族谱，在族谱的开篇之章中都讲了族规，对宗族的后辈提出了要求。酉阳后溪镇的白家祠堂门口的石碑上面镌刻着对宗族的要求，临近酉阳大溪镇的湖南龙山县桂塘镇二厅堂的门口立着“忠勇”牌坊，这些都对个人，对宗教及当

---

① [清]赵尔巽等撰，《清史稿》，卷五百十三《土司志》，北京：中华书局，1976。

② [清]赵尔巽等撰，《清史稿》，卷五百十三《土司志》，北京：中华书局，1976。

③ [清]王槐龄纂修，《补辑石柱厅志》，道光二十三年刻本，总二册十二卷，卷七《土司志》。

④ [清]庄定域修，支承祜等纂，《彭水县志》，光绪元年刻本，总四卷首一卷，卷三《风俗志》。

⑤ [清]冯士瀛、冉崇文等编纂，《酉阳直隶州总志》，卷十九《风俗志》，成都：巴蜀书社，2009。

地的民族文化传承有着重大的影响。如酉阳的《冉氏家谱》，介绍了“酉阳冉氏，世袭土司，自宋建炎三年始，时叛苗流劫思南、涪、渝等地，守忠率诸洞獠夷助剿有功，册为宣慰司，是为迁酉之始祖”。在《冉氏家谱·家规》中提出了十三项要求。“孝顺父母，尊敬长上，友于兄弟，新睦家族，和睦邻里，敦肃闺门，禁止争讼，勤习正业，定正名分，致谨坟墓，慎选婚姻，教约子弟，慎重继嗣”，这十三项包括如何处理与长辈、平辈、下辈、后辈、家族、邻里、社会的关系，也包括如何进行家庭的管理，确保家庭的和睦，宗族的和谐、稳定。族谱的内容不是简单的说教，而是用前辈、大家之言及谚语来进行说明。如“孝顺父母”就指出：“孝顺，德也。孔子曰：父母其顺矣乎。谚曰：‘孝父母，不如顺父母。’顺之一字，最是教之本原。养老固顺，几谏亦无非顺也。我族中子弟，当体念此意，随分竭力，将顺无违。”对“教约子女”则指出：“父兄之教不先，则子弟之率不谨。常见高明之家，衣冠赫奕，诗礼相传，后或溺爱子孙，纵容不教，渐至佚乐宴游，习惯成性，交引燕朋狎友，从事于酒色声歌，数年之后，家产荡尽，流落飘零者，不可胜计。即此可见，教子弟之不可不谨也。顾教之法，无过于读书，贫乏富贵，俱当留意。盖子弟贤，读书即贤达之资；子弟愚鲁，能多读书，多识字，亦必化其桀骜，开其颖悟。”①

（十）丰富多彩的文学艺术

在渝东南地区考察的过程中，我们时常醉心于渝东南地区少数民族的文学艺术。如文学方面的代表酉阳的冉氏土司文学，民歌方面的代表“啰儿调”“南溪号子”“马喇号子”，戏剧方面的代表“傩戏”“阳戏”“后河戏”，舞蹈方面的代表“摆手舞”“花灯舞”“毛古斯舞”，民间工艺品方面的代表“西兰卡普”“蜡染”“刺绣”，饮食文化方面的代表“苞谷酒”“苦荞酒”“咂酒”。在历史上，唐朝时期的巴渝舞就很有名。“土有盐铁丹漆之饶，俗性剽勇，又善歌舞。高祖爱其舞，诏乐府习之，今《巴渝舞》是也。汉末，张鲁居汉中，以鬼道教百姓，人敬信巫觋，

① [清]冉崇文，《冉氏家谱》，木刻本，现存于酉阳县图书馆。

多往奉之。”①到今天，这些文学艺术成就仍然焕发出强大的生命力。南溪号子被列为国家级非物质文化遗产，一大批项目被列为省级非物质文化遗产。西兰卡普、花灯舞被列为全国职业院校特色发展项目，摆手舞在城乡遍地开花，成为极具民族特色的娱乐、健身方式。

此外，在渝东南地区还有干栏式建筑特色的“吊脚楼”，有许多在全国家喻户晓的民歌，有许多非物质文化遗产的传承人。这么多的民族文化资源对于渝东南地区各族人民的道德浸润、智慧开拓、娱乐健身、情感美化、勤劳致富等都具有非常重要的价值，对于促进民族团结稳定、情感升华、社会和谐具有不可替代的作用。

三、武陵山区相互交融的民族文化

由于自然环境、地理位置、人口数量、战略地位等多个方面的影响，加上“山同脉，民同俗”，渝东南各族人民在武陵山区有较多的交往。酉阳之龙潭镇，是清代酉阳直隶州州府所在地，水陆交通便利，顺水而下可直达常德、辰州。彭水县因为乌江可直达长江，交通便利，且因为郁山产盐，故与外界交往较多。“县治之西有水程直达涪州，接大河，出入懋迁者较便，生童赴省、赴渝应大小试者，其费较省，而人亦较多。又有县治东溯江而上之曰郁山镇，有盐井，比年以来，井更旺而灶更多，邻省商人行盐其地者，往往遂家焉。”②

此外渝东南各地区之间相互影响较大，实行郡县制的时间较长，在历史上还出现过“相互管理”，互为行政中心的局面，使渝东南几个县之间的交流增多。彭水早在隋朝的时候就设立了郡治，“隋于郡置彭水县。周置奉州，寻为黔州。贞观四年，于州置都督府”。③黔江“洪武五年十二月省入彭水县。十一年九月置黔江守御千户所”。④酉阳直隶州，“隶川东道。明，酉阳宣慰司，属重庆府。顺治初，仍明制。雍正十二年，改重庆属之黔江、彭水二县置黔彭直隶厅。十三年，又改平茶长官司为秀山县，属厅。乾隆元年，废厅，改为酉阳直隶州，以黔、彭、秀三县

① [唐]房玄龄等撰，《晋书》，卷一百二十《李特载记》，北京：中华书局，1974。

② [清]冯士瀛、冉崇文等编纂，《酉阳直隶州总志》，卷十九《风俗志》，成都：巴蜀书社，2009。

③ [后晋]刘昫等撰，《旧唐书》，卷四十四《地理志》，北京：线装书局，2011。

④ [清]张廷玉等撰，《明史》，卷四十三《地理志》，北京：线装书局，2011。

来隶”。[①]1988年，四川省成立黔江地区，以黔江为地区中心所在地，辖酉、秀、黔、彭、石等县，直到2000年。之后重庆设立六个区域性中心城市，黔江成为渝东南的区域性中心城市。

只有石柱与酉、秀、黔、彭相对要独立一些。“石砫宣慰司（元石砫军民宣抚司，明玉珍改安抚司）。洪武八年正月为宣抚司，属重庆卫。嘉靖四十二年改属夔州卫。天启元年升为宣慰司。”[②]

由于这种交流与交往，出现了文化的碰撞与融合。如“吊脚楼”这种干栏式建筑就成为土家族、苗族以及居住在此的汉族同胞共同采用的房屋建筑结构；在渝东南少数民族的家中都供奉着的“天地君亲师”或者“天地国亲师”的牌位，也成为整个渝东南地区尊师重道的共同信仰；汉族地区的春节、清明、端午、中秋等节日也是渝东南各少数民族共同的节日；南溪号子、秀山花灯、后河戏等既有本民族的文化成分，又融入了汉族和其他各个民族的文化成分。

四、丛书简介

“重庆市少数民族文化系列丛书”共七本。

《重庆市少数民族生命之礼》，记录了渝东南少数民族同胞从出生到去世，一生所经历的礼仪，包括出生之礼、婚恋之礼、寿诞之礼、丧葬之礼、祭祀之礼以及常用礼仪等方面。

《重庆市少数民族民间音乐》，音乐是渝东南各族人民在生产、生活中抒发感情，战胜自然，乐观生活的真实表现。本书对渝东南少数民族音乐进行搜集、整理，将其分为民间歌曲与戏曲音乐两大部分。民间歌曲按风格、内容及形式分为劳动、叙事、抒情、仪式、教化和童谣六类。戏曲音乐分为秀山花灯和后河戏。

《后河戏剧本集》，收录了从1869年到现在，在黔江濯水、马喇一带演出的后河戏主要剧目，包括最早的《二度梅》《天水关》，后期的《秦香莲》以及原创的《春涌古镇》《分家》等剧本，弥补了1982年因特大洪水把原存的所有剧本冲走所带来的遗憾。

---

① [清]赵尔巽等撰,《清史稿》,卷六十九《地理志》,北京:中华书局,1976。

② [清]张廷玉等撰,《明史》,卷四十三《地理志》,北京:线装书局,2011。

《重庆市少数民族饮食文化》，介绍了渝东南少数民族地区饮食文化形成与饮食结构变迁、食材、饮食烹饪技艺与特色宴席、饮食器具、饮食风俗、茶文化、酒文化等方面的内容。

《民族文化传承研究文集》是2014年由教育部人文社科重点研究基地西南大学西南民族教育与心理研究中心、重庆旅游职业学院共同举办的“文化强国战略中民族文化特色传承”研讨会的论文集，收录了来自全国各地的与会代表的37篇论文，分为理论研究、传承路径、传承案例、民族文化与旅游、学校传承五个专题。

《西兰卡普》，介绍了西兰卡普的渊源及形成、生产工具、原材料、工艺流程、技法、色彩及运用、艺术特征与美的内涵、与土家族服饰的关系、功能及运用、传承人，还对西兰卡普的精品进行鉴赏。

《重庆市少数民族碑刻楹联》，此书按照黔江、酉阳、秀山、彭水、武隆、石柱分区县收录了190余件碑刻、200余幅楹联，著录了年代、出处、创作以及相应的故事。碑刻按其用途分为墓碑、路桥指示碑、旌表碑、文人书法碑、宗教民俗碑、政策族训碑、语录碑以及石刻。

这套“重庆市少数民族文化系列丛书”，得到了重庆市民族宗教事务委员会各位领导的高度关注与支持，被列为重庆市民族宗教事务委员会“十二五”民族文化重点项目。这套丛书也是教育部人文社会科学重点研究基地西南大学西南民族教育与心理研究中心的教育部人文社会科学研究基地重大课题“文化强国方略中多民族文化教育资源转换研究（13JJD880008）”、重庆市人文社会科学研究基地重点项目“乌江流域民族文化社会价值研究”（14SKB004）、重庆市社会规划一般项目“渝东南少数民族民间文化‘五W’传承模式研究（2013YBSH043）”、2014年全国民族教育研究重大课题“以产城教融合推动少数民族大学生就业创业的实证研究”（mjzxzd1409）项目的阶段性成果。黔江区民族宗教事务委员会给予了项目及经费的支持。在编辑出版过程中得到了西南师范大学出版社的大力支持。在此一并致以谢意！

杨如安

2015年7月

Qianyan 前言

渝东南地处四川盆地东南部大娄山和武陵山两大山系交会的山地，渝、鄂、湘、黔四省市结合部，包括黔江区、武隆县、石柱土家族自治县、秀山土家族苗族自治县、酉阳土家族苗族自治县、彭水苗族土家族自治县六区县，是重庆市集中连片、全国为数不多的以土家族和苗族为主的少数民族聚居区。

渝东南处于我国三级阶梯中第二阶梯中段的东缘与第三阶梯中段的西缘，此处遍布连山叠岭与险峡激流，地僻民贫，易守难攻。历史上，因地域偏远，地势险峻，曾长期作为朝廷流放地而存在，因此留下了包括唐代重臣长孙无忌、唐太子李承乾、一代诗人白居易、宋儒黄庭坚等在内的重要文化名人的遗迹；另一方面，渝东南作为土家族、苗族等少数民族聚居区，千百年来形成了特色浓郁、风格独特的民族文化；再者，历史上因“赶苗拓业”“湖广填四川”等因素出现的少数民族与汉民族文化的融合，是渝东南文化的又一重要特色。诸多因素的交融，使得渝东南地区成为历史文化浓郁、民族特色鲜明、多民族文化元素融合的重要文化区域。

碑刻楹联作为一种地方文化的载体，是地方文献的首要证物。渝东南碑刻楹联门类广泛，内容多样。除历史沿革、宗教、祭祀、官府颁发的各种禁令、告示之外，还有农业、商业、手工业、交通、军事、教育、习俗等。

本书的编写本着弘扬民族地域文化特色，追溯历史文化根源，发掘珍贵文献资料的目的，将整个渝东南六个区县可考的特色碑刻楹联进行辑录筛选。力争将具有民族地方特色和文化遗产价值的资料整理编排，为相关研究提供翔实资料。本书上编收录渝东南地区特色碑刻，辑录出上起唐代墓碑，中括近代各色碑刻，下至现代红军纪念碑等碑刻近二百件，对碑刻地点、时代、来历、碑刻内容及文化价值等进行考察探究。

对碑文尚能辨识的碑刻进行碑文辑录、图片采集；对于碑文模糊或者碑刻现已下落不明的特色碑刻进行资料的搜集与整理，从地方志及当地文物资料档案中进行挖掘整理，使其得以流传，也使渝东南碑刻发展历程可以较为完整地呈现。下编收录渝东南地区各时代可考证的特色楹联二百余幅，注录年代、出处、背景、故事，按照联意及音韵进行断句，并对其文化内涵做一定研究。

本书的资料绝大多数来源于对原碑的实地田野调查。编写组成员多次深入区县实地考察测量，同时在各区县文管所及文化局考察馆藏文物及拓片；借用渝东南各区县文管所文物普查所得的第一手资料和渝东南地方志及各地方史籍，所引用资料在文中均已注明出处。地方县志中文物篇对各地碑刻楹联保存状况及信息的介绍为本书的编纂提供了重要线索。

在收录整理这些碑刻的同时，笔者试图用人类学、文献学、考古学、社会学的方法挖掘碑刻、楹联所具有的社会价值，但限于自身的学养，难免有不详尽之处，望批评指正。

Mulu **目 录**

上篇 碑刻篇

下篇 楹联篇

上篇 碑刻篇

SHANGPIAN BEIKEPIAN

东汉许慎《说文解字》：“碑，竖石也。”自先秦时期起，我国便有了树碑纪事的传统。碑刻，亦指碑上的文字或图画，用于纪事纪人、歌功颂德、祭祀祈福、立约警示等。一方碑刻，一番过往，甚至比史书更加沧桑，更加真实，无言的碑石逐渐在历史的长河中凝固成人们特有的记忆。

在渝东南现存的古迹及近现代史迹中，可见大量的石窟寺、摩崖石刻、石雕、岩画等。这些承载着记忆的文化印记，或散落于田间地头，或沉寂于码头渡口，或供奉于祠堂寺庙，或伫立于高岗石崖，默默诉说着当地的民风民俗和文化传承。

根据碑刻用途和针对对象的不同，我们将当地典型碑刻分为墓碑、路桥指示碑、旌表碑、政策族训碑、宗教民俗碑、文人书法碑、语录碑、石刻，并逐一分析，进而去观照这些精美碑刻中展现出来的地方历史、乡土风情和民风民俗。

第一章 黔江碑刻辑要

黔江区位于重庆市的东南，地处武陵山腹地，东临湖北省的咸丰县，西接彭水县，南连酉阳县，北接湖北省利川市，是渝、鄂、湘、黔四省市的结合部，素有“渝鄂咽喉”之称，是重庆市主要的少数民族聚居地之一，东西宽45千米，南北长90千米。

黔江是渝东南的一颗璀璨明珠，自设行政建制以来，迄今已有1800多年的历史，在辖区面积2400多平方千米的土地上聚居着约54.5万人口，其中土家族和苗族这两个少数民族的人口占总人数的70%以上。①

文字是人类记录语言的符号，碑刻是刻在石头上面的文字或图案，作为历史文化传承的一种载体，对推动人类文明和社会进步具有不可忽视的作用。黔江因为历史、地理、自然和民族等因素，形成了具有特色的区域文化。

黔江历史悠久，文化底蕴深厚，曾有众多豪杰英雄、骚人鸿儒、革命先烈生活在这片富饶的土地上，至今在这块神秘的地方还留存着不少名人故居、纪念馆、墓室和陈列馆等。碑刻中形形色色的文字和图案，或描写当地的风土人情，或记录人物的生平轶事，或是后人的精练评价，或是文人墨客的纪念、品评，这些文字的风韵意态和图案的精巧奇特，具有极高的史料价值和研究价值。

碑刻是人们行为观念的一种物化。碑刻采用的手法大多是先用毛笔写在蓝本或书丹上石，也有少数碑刻是不经书写而直接在石面上雕琢。随着历史变迁和社会发展，除了碑刻文字从较早的大篆和小篆逐渐演变成草书和楷书，碑刻内容也从单一变得丰富多彩。黔江作为融土家族、苗族、汉族等民族文化为一体的交汇之地，其碑刻具有独特的民族地域特征，具体特征如下。

①资料来源于重庆市黔江区人民政府网站，http://www.qianjiang.gov.cn/qj-Class/node-662441.htm。

（1）碑刻形式的多样性。

黔江的碑刻除了最常见的普通碑刻以外，还有圣旨碑、界碑、建筑碑刻和摩崖石刻等。圣旨碑是皇帝为了表彰那些为社会做出杰出贡献的能人志士所立的碑。如黔江区沙坝乡十字村立有一块清朝道光年间的圣旨碑，这种形制上的碑体在渝东南地区较为罕见。建筑碑刻和摩崖石刻是古代达官显贵、文人墨客和能工巧匠利用石头刻文纪事，所雕刻的书法文字或画像纹饰具有极高的实物参考价值和深厚的历史文化内涵。如黔江摩崖石刻的代表作太平洞摩崖石刻和观音岩摩崖石刻，都具有极高的研究价值。

（2）碑刻题材的多样性。

杂居的民族因素和多样的地质地貌，形成了黔江鲜明独特的丧葬习俗，黔江的墓碑建筑主要由坟墓和碑体组成，除了印刻在碑体上面的文字字体复杂多变，内容丰富多样以外，还有许多起装饰作用的纹饰，其中主要有动植物纹、图腾纹、山水纹和几何纹等，这些石刻艺术与当地土家族、苗族的宗教信仰、自然崇拜、忠孝信念、道德观念和风俗民情有着紧密联系。

（3）体现民族文化的交融性。

黔江区是一个少数民族聚居区，除土家族、苗族占总人数的70%以上，还散居着回族、蒙古族、藏族等24个少数民族。在社会的发展进程中，各民族文化不断碰撞与融合，并通过碑刻这一载体得以固化，成为黔江区民族文化交融的历史见证。

第一节 碑刻

一、墓　碑

1. 白石神道碑（图 1-1-1）

在古代帝王或高官的坟墓前，常常有一条既长又宽的神道供后人拜祭。神道起点处立着被称为神道碑的石碑，专用来介绍墓室主人的姓名、官职、履历等。

白石神道碑位于黔江区白石乡安山村 3 组八角庙旁。这块石碑高 2 米，宽 0.8 米。石碑顶上有一块巨石用来遮挡风雨，石碑下面压着一只形似乌龟的驮兽，为赑屃，龟甲清晰，头部缺失。碑身正面刻着“皇清诰授奉政大夫张公宗尚君德老大人之神道碑”，碑的左边有两竖排文字，能清楚看到“八品”“同知”（古时的一种官名）等字样。从石碑上的刻字推测墓主叫张宗尚，字君德，该碑立于清光绪六年（1880 年）。

图 1-1-1

2. 冉土司夫人墓志碑（图 1-1-2）

酉阳二十世土司冉跃龙庶夫人白氏墓志碑，1946 年在黔江正谊乡（今黔江区冯家镇）渔滩官坟堡出土，现存于黔江区文管所。碑质砂石，高 0.45 米，宽 0.4 米，厚 0.07 米。墓主为白氏，酉司大江里（今后溪）人，白玉槐之长女，生于明万历十五年（1587 年），卒于明崇祯四年（1631 年），碑立于明崇祯五年（1632 年），时任黔江知县戴可彦撰碑文。

图 1-1-2

白夫人自幼学习武艺，刀、枪、剑、戟、棍等十八般武艺样样精通，当年被土司选迎入司衙，为土司冉跃龙第五个夫人。明万历四十七年（1619 年），金军进攻沈阳，辽东告急，明廷调酉阳士兵抗金，为了报效皇上，白夫人主动请旨，愿亲率女兵，奔赴辽东战场。天启元年（1621 年），奉征抗金的永宁土司奢崇明行至重庆，起兵叛明，明廷急调各地土兵征战疆场，秦良玉和白夫人回川镇压“奢乱”。天启二年（1622 年），白夫人、冉跃龙、秦良玉合围奢军，冉跃龙、秦良玉攻重庆，取成都，白夫人督诸子率兵进军遵义，攻打播州，奢军大败，擒拿奢崇明之妹奢秋辉及其妻安氏。“奢乱”平定后，明廷授封白夫人“一品诰命夫人”。

冉土司白夫人墓志摘录：

白氏生于明万历十五年（1587 年），卒于明崇祯四年（1631 年），享年四十四岁。酉阳大江里人，父母蚤（早）[①]卒，幼依于异母兄嫂以居，兄嫂厌之，使职井臼、浆洗。及长，学针黹不可能，无少嗟叹。侦知兄会射，默然潜习，不露声色，功夫娴熟。年及笄，逢十九世土司冉眉坡下令为子跃龙选婚。相人到宅，兄嫂令夫人勿出，则盛装已（己）女姊妹，供相未中，叹息怏怏，留相人宴。饮宴之间，夫人偶出厢门，相人见之，惊呼其貌为盖世之才。兄嫂惊恐，复着装引出，相人看中而去。未几，夫人被聘入署。进出以恭，谈吐温雅，公婆宠爱，夫君欢喜，原配夫人舒氏高兴。明万历年四十七年（1619 年），援辽之役，夫弟见龙领兵以行，夫人率女兵殿其后。见龙战死浑河，夫人获胜回乡。天启二年（1622 年），奢崇明、安邦彦叛乱，明廷危急。白氏奉令率卒与秦良玉部同赴征讨。奢、安兵败，白氏因军功授封夫人，初，谦辞不受。天启元年（1621 年），冉跃龙因东西赴调，效命有功，授袭酉阳土司二十世宣慰使职。白氏仍助夫练兵习武。跃龙薨，长子天麟袭职，时年九岁。夫人辅佐柄政，助子定位，选婚承祧，司政清明。[②]

3. 草圭堂李念武墓志和秀女壁画（图 1-1-3、图 1-1-4）

位于黔江区阿蓬江镇大坪村的李氏家族宅院草圭堂，是唐朝皇室后裔家族宅院，也是国民党抗日将领李永瑞的故居。草圭堂为木、石、砖混合建筑，是长方形四合院，共两层。其中第一层是明朝时期冉土司修建的草圭堂，第二层是清朝时期李念武修建的别墅，单檐悬山式屋顶，穿斗式梁架，青瓦覆盖，主体为木料建成，部分墙体为砖石构成，围墙和基础为条石砌就。

---

①引文保留原碑文的字词，括号中为编者注释的正确词组。

②重庆市黔江区政协学习文史委：《黔江文史（四）·墓志铭专辑》，2006 年，第 6 ~ 7 页。

图 1-1-3

图 1-1-4

李念武的墓碑立于草圭堂边。据石碑记载，李念武于乾隆五十七年（1792 年）生于草圭堂，卒于同治十一年（1872 年）。李氏家族是唐皇室的后裔。唐朝时期，安禄山和史思明发动“安史之乱”后，为避免被叛军所害，唐皇室家族纷纷外逃出宫，李念武的先祖随驸马冉氏逃到了酉阳。明朝时，冉氏被封为土司宣慰使后，李氏成为将军，土司城设立在酉阳铜鼓潭。期间，冉土司在黔江犁湾巡视时修了用于在野外宴飨的草圭堂，李氏也在犁湾修了家族宅院。康熙年间“改土归流”时，冉土司为了把治所从铜鼓潭迁到犁湾，便用草圭堂交换了李氏宅院，李氏宅院就成了土司衙门，而李氏便迁到了距土司衙门两三百米处的草圭堂。李念武于道光末年（1850 年）在草圭堂后修建了别墅，草圭堂和别墅就组成了唐皇室后裔李氏家族的宅院。

李念武墓志铭由李念武三孙增生文藩、六孙文杓书，次孙候补训导增生文杰所撰。

古者，墓有志亦有碑。碑之为言，悲也；志之为言，记也。然事无足悲，可不必记；事之可记，然出于悲者，且悲则必记，记则必悲乎？而正不然。且余闻之，古无有孙子传其祖先者，故墓之碑志，率皆假手他人。子孙虽贤达，不敢滥觞其间，曰：“详宜避也，嫌宜引也。”然而杰之独不以此病者，何故？故以作文一事言之，凡人一题到手，非身经目睹而来，所言必皆无当；非揣摩体会而出，所言必不亲切。若记言之有当，亦复亲切不浮，则他人为之可，即孙子为之亦可。且乌知孙子所为，有不确于他人所著者哉！此杰序我祖连阶公之碑序所由作也。公讳武，字发沅，号连阶，先世有唐支子安史作乱，从明皇幸蜀，未果，归后，随驸马冉人才宣慰思州，因而之酉。越宋与元、明代，有遗迹可考。谱为明末避乱时失去。国朝康熙年间（1622—1722 年），司治向往州酉之铜鼓潭，宣慰以草圭塘（堂）数十里地，易今州治旧业。

初来时，为文公披荆斩棘，遂家于此。宣慰喜其能，保世袭三官之职，生文元公，传朝辅公及魁公，再传而及伯玉祖。乾隆改土归流，始除封号。然州治旧业犹多，高伯祖世昌，不共缵述，典卖几尽。而高祖世乾公生曾祖应荣公，娶谢天俸三女，于乾隆壬子年（1792年）前四月二十七日寅时生公于草圭塘（堂）老宅。曾祖妣谢，食贫作苦，辟土开荒，家以小康。伯祖念文早卒，惟公一人，课耕课读，刻不容宽，义方之训，渊源独远。嘉庆二十五年（1820年），曾祖考殁，公甫弱冠，里之轻公者，谓公少不更事，颇生凯（觊）觎。及公亲膺家事，条目井然，内修外扰，家以渐丰。初配常，为外曾祖常昌成长女，先生父仕猷公，为州庠生；及叔仕明，屯捐六品；及三叔仕发，四叔仕富，俱早卒，无嗣。继祖母杨，为湖北咸丰县县丞、曾署赤城县知县杨公胜干之次女，生五叔仕道，州武庠；六叔仕德，实职归部即选从九，晚年娶州之马喇湖杨公光灏之女，生八叔仕伦。十余年间，先后入泮者已三四辈。道光末，公以田产渐辟，遂筑别墅于场后。时继祖妣旋病殁，公携祖母杨及叔仕伦，卜居于是焉。及今同治壬申年（1872年），公以年老，令析旧业，遂择寿寓于长坝，拟与祖妣杨合葬于是焉。兹公年晋八十，身累百口，眼观五代，举家衣食所需，惟公是问，尚仍矍铄如故。少悼学未成，援例捐，发匪蹦酉，公捐资办防，蒙制军骆保奏，给从六品，州同衔，例膺封典。是俗所谓逼来人者，而为意料所不及者也。且公奇表，河目海口，髯长迳腹，英姿飒飒，望而生畏。惟对人时和气可掬，最慎密，寡言语。谨耕读，务勤俭，好善乐施，虚心受教，识古训，至老不忘，绎善言，不忍失口。上至缙绅讲论，下至童子沧浪，无不留心住腹。盖善根夙具，非特行事异人也，抑得天独厚故也。夫穷巷而开驷马之门，壮岁而踵陶朱之富，老至而锡金章之宠，世之为富贵中文者，州县中指不胜屈，是何足为公诧哉。盖惟泯富贵之气者，始足以宅富贵之身，是公初不以富贵见，而富贵且转以公见也。然则粟红贯朽，不足为公荣；椒衍瓜绵，不足为公乐，以德滋福田而安贻孙子，引之式谷，树之风声，以绳祖武而裕后昆者，此公之志，而杰转以其见公之心也，岂止夸一时荣一乡哉。是碑之悲，且转悲而为喜，愈以形咏蹈之真志之记也，将永记而不忘，用以证河山之寿。异日众贤孙子，读斯序者，饮水思源，感春露秋霜，顿生凄怆；懔高曾矩矱，永不箴规。而是碑也，又何必讳其悲；是志也，亦岂徒虚为记载乎哉。杰不敏，自幼为公所器，是役也，非不知避僭妄之嫌。窃念公性质直，非兹拙笔，无以壮公梗概。今兹序也，请勿以碑志论，作公之行状读可；亦不特作公之行状，更作吾族之谱系观，亦无不可；谨书之为而铭，铭曰：

于赫我祖，光斯宗谱。克俭克勤，爰居爰处。

华屋良田，物原有主。天之所授，人谁能阻。
辛苦拮据，绸缪牖户。麟兮有趾，鸯兮有羽。
戟戟振振，鬓轩鼓舞。维乐降神，笃生申甫。
蔚起人文，风崇邹鲁。近贻孙谋，远绳祖武。
寿享期颐，厘延佑祜。盛德洋洋，山高水长。
井鬼之野，灵秀为乡。龙蟠虎踞，作公墓场。
吉人吉穴，泉壤生光。森森松柏，滴翠浮苍。
有如孙子，列侍分行。尔公尔侯，百世其昌。
簪缨满堂，牙笏堆床。善人有后，永矢难忘。①

秀女壁画位于草圭堂地下室第二间的左墙壁上。地下室在草圭堂大门右侧的呈碉堡式的建筑下，包括窗棂都由巨大的条石组成，室内光线昏暗。秀女壁画高 1 米，宽 0.5 米，画为墨笔，线条细腻。画的主体为一名女子，鹅蛋脸型，头发绾髻，别有簪子，身穿清朝时中式女装，裹足。女子坐在椅子上面，左脚跷在右脚上，怀抱琵琶，手拨琴弦，低头吟唱。因为地处室下，年久失修，墙壁出现细小裂痕，壁画也局部受损，画面上字迹已模糊。壁画两侧留有一副楹联："石壁风清瑶池草秀，洞天春暖玉笛□□"（□代表模糊的字，后同）。经考证，元代诗人张起岩写有一首诗《送朱真一》，其中有"石壁风清瑶草秀，洞天春尽玉笙寒"的句子，由此可以推断，壁画中的对联应是化用张起岩的诗句，不难看出脱落二字应是"笙寒"。

4. 阿蓬江段维仁家族墓墓碑（图 1-1-5、图 1-1-6）

位于阿蓬江的段维仁家族祖上是"湖广填四川"时期从江西临江府青衣县高坎子石门坎迁来的段宝山，在当时四川省重庆府酉阳州酉阳县北二乡落了脚。段宝山生了成忠、成良两个儿子，成忠就是后被诰封为一品夫人的戴氏的丈夫。段成忠生维仁、维智、维聪三子，段氏子孙段琨于乾隆五十八年（1793 年）考取武进士，历任蓝翎侍卫、江南徽州营左军守备等职，后官至江南提督（从一品）。据说，段琨的二儿子段正声也官至总兵（二品）。段琨晋升江南提督后，奏请皇帝诰封先祖。皇帝为表其功，遂诰封了其一批先祖，其中太祖母戴氏、曾祖父段维仁分别被诰封为一品夫人和振威将军。段氏族人分别于道光十一年（1831 年）和光绪二年（1876 年）立碑以做纪念。

①重庆市黔江区政协学习文史委：《黔江文史（四）·墓志铭专辑》，2006 年，第 144 ~ 147 页。

图 1-1-5

图 1-1-6

段维仁墓位于黔江区阿蓬江镇两河居委 4 组，坐东朝西，由条状石块砌成，长 3.4 米，宽 2.5 米，高 1.9 米，占地约 16 平方米，正面竖着拱形碑 1 方，横排阴刻“进士出身，江南全省提督”，正中竖排阴刻“皇清诰封振威将军段公，维仁老封君之墓”“大清道光十一年（1831 年）年三月十一谷旦”。

距此墓 200 多米的地方，有一块宽近 1 米、高近 2 米的墓碑，上面刻着“诰封一品夫人段祖婆戴氏老太君之神墓”。

5. 阿蓬江流域侯氏家族墓碑（图 1-1-7）

位于黔江区阿蓬江流域下游，因为年代久远和地质地貌发生改变，该墓已经被泥土掩埋了较大一部分，但仍能依稀辨出当年的壮观景象。墓葬占地面积 80 平方米。墓碑正面有仿木结构歇山式顶 3 重檐，排列了 9 间石墓室。墓前有 1 方碑，单檐歇山式卷草纹山字形碑顶，阴刻“明故远祖……”；楹联“九族共茔封数百年牛眠永固”“八元同启后十余代燕翼长存”等清晰可辨。墓葬群雕刻工艺精湛，对于研究清朝的墓葬习俗、风土人情和社会制度有重要的参考价值。[①]

图 1-1-7

①曾宪容：《考古人员发现三座明清大型家族墓》，http://cq/qq/com/a/20090907/000191.htm。

二、路桥指示碑

1. 古石城县遗址城门碑（图 1-1-8）

黔江古石城县遗址位于黔江区周白镇县坝村，背靠观音山，面临阿蓬江，呈柳叶形，南北长250多米，东西宽120多米，从隋朝开皇五年（1400年）建制至今已有740多年的历史。古石城曾是涪陵郡治、丹兴县治所在地，古城以石为主，石灰岩和红砂岩并用，地面6米之下都为红色砂质基岩，在渝东南地区实属少见。城里几乎所有建筑都用石建造，河堤、城墙是毛条石，官衙、墙基、县衙门，包括居民家中的消防水缸、座椅等都是用石头打造。如今古街巷仍然保留着740多年前的形态，县衙、万寿宫、演兵场、周家祠堂、戏楼、市场、商铺、古井等依稀可见，是目前少有的保存较为完好的隋朝古城。

图 1-1-8

古城里有鹅卵石街面一条，长10米，宽3.2米，南城门有石2块，阳刻“石城故县”门额一方，残存“石城”二字。

2. 黔江小南海“犀牛望月”碑（图 1-1-9、图 1-1-10）

图 1-1-9

图 1-1-10

小南海位于黔江区与湖北省恩施土家族苗族自治州咸丰县交界处。小南海是由地震时山崩、岩体崩滑、溪流堵塞而形成的地震堰塞湖。该堰塞湖湖面长5000多米，最宽处达900多米，水面面积为2.87平方千米；湖水平均水深为30多米，最深处达50多米，是目前中国历史较长、保存较为完好的地震堰塞湖。

湖中有一牛背岛，面积近125平方米，因形似侧卧于湖中戏水的水牛而得名。远远望去，“卧牛”好像在回首顾盼湖心另一个似满月的小岛，于是成就了“犀牛望月”的美妙景观。岛上有一巨石，刻着“犀牛望月”。

3. 阿蓬江固北关遗址石碑(图1-1-11)

固北关位于黔江区阿蓬江镇两河社区1组，据《黔江土家族苗族自治县乡土志》记载：“固北关长1里（1里=500米），宽3米，全部用巨石砌成，门上石匾刻‘固北关’三字；门上关楼高20米，两翼百米处各有一瞭望台；越沟处立以直径为0.05米的铁柱栅栏。”

图1-1-11

固北关城楼高20多米，辕门进深10多米，城楼两侧建有瞭望台和多个炮台，城楼上原刻着“固北关”“同治元年立”（文字在抗日战争时期已毁）。城楼后壁墙上刻有遒劲有力的“岩疆锁钥”4个大字，旁边还有“赵藩题”等字样。

城墙后门墙根立有一石碑，记载的是固北关修建的过程，系酉阳州廪生冉崇文撰写。碑文通篇骈体，极富文采。

城墙后门墙根还有一方形的德政碑，上镌刻着“个山王老公德政”。碑座是一直径约2米、高约0.8米的巨型石龟，人工雕琢，栩栩如生。[①]此碑为酉阳清廉知州王个山公正裁决度田纠纷而立。

①熊定质：“固北关遗址”，载《重庆日报》2010年4月7日。

图 1-1-12

三、旌表碑

1. 宋盘铭烈士纪念碑（图 1-1-12）

位于黔江区河滨公园西沙桥往西 500 米处，建于 1984 年。石碑高 1.4 米，宽 0.6 米，上面是“宋盘铭烈士纪念碑”8 个大字，下面为碑文石刻。

宋盘铭，河南人，大革命时期加入中国共产党。1931 年从苏联学习后回国，6 月被派到湘鄂西苏区，任中共湘鄂西中央分局委员、湘鄂西革命军事委员会主席团成员、共青团中央（少共）驻共青团湘鄂西省委书记，参加并领导湘鄂西苏区反“围剿”斗争。1932 年 5 月任中国工农红军第三军代理政治委员。不久任襄北独立团政治委员，和团长贺炳炎率部在襄河以北地区开展游击斗争。1933 年 2 月任红三军第九师政治委员，率部在建始官店口、鹤峰邬阳关一带发动群众，建立区乡苏维埃政权，坚持游击战争。同年 12 月 29 日在“肃反”中被诬陷，后被杀害于四川黔江城郊。

2. 马喇红三军纪念碑（图 1-1-13、图 1-1-14）

位于黔江区马喇镇。贺龙为创建湘鄂川（渝）黔革命根据地，曾率领中国工农红军第三军三进三出马喇湖。1933 年 12 月，贺龙率领红军第一次入黔攻打县城，之后攻地主，打土豪，四到水车坪，三进马喇湖，除掉封建统治者，解放黔江城，为新中国的建立立下了汗马功劳。为缅怀贺龙将军，1977 年，黔江县委在马喇树立了红三军三进马喇湖纪念碑和红军革命纪念地碑，成了马喇的爱国主义和廉政教育基地。

图 1-1-13

图 1-1-14

3. 小南海红三军首战黔江纪念碑（图1-1-15）

图 1-1-15

位于黔江区南海镇，上面记载了当时贺龙将军挥师进黔江，打响第一枪的事迹。1933 年 12 月，红三军军长贺龙、政委关向应按湘鄂西中央分局“大村会议”“创造湘鄂川黔边新苏区”的决定，挥师入川首战黔江，向酉、秀、黔、彭发展，开辟新的根据地，后来逐步歼灭国民党保安团团长兼忠、丰、石“清乡”司令周化成两个区队的兵力。

4. 濯水“红军渡”题刻（图 1-1-16、图 1-1-17）

位于濯水镇新桥村村北 1 千米处。1934 年，中共红三军途经此地，被湍急的阿蓬江水拦住了去路，后来在周围群众的帮助下顺利渡过阿蓬江。1977 年，黔江在该渡口竖碑 1 方，高 1.43 米，宽 1 米，素面基座，占地 9 平方米，碑首横刻魏体“红军革命纪念地”。

图 1-1-16

图 1-1-17

图 1-1-18

5. 冯家镇任公百岁碑（图 1-1-18）

位于黔江区冯家街道寨子乡白泉村北 1 千米的大路坪，背靠丛林，正面是耕地和人行道，坐西朝东，碑高 3 米，宽 1 米，厚 0.2 米，基座宽 0.8 米，占地约 3 平方米。碑正中竖排刻着“任公百岁”4 个大字，字宽 0.59 米。右排序言 4 行，行距 0.01 米，字宽 0.035 米，字距 0.01 米。碑文笔力豪放，是一件难得的艺术作品。百岁碑系任仕隆百岁纪念碑。任仕隆，生于清朝嘉庆庚辰年（1820 年），中华民国八年（1919 年）开百岁宴，竖此碑纪念时已有 103 岁。

任公百岁碑序记载：

窃以天下有达尊三，爵一、齿一、德一，三者鼎立，所以造斯世一升平。

恭维　任公仕隆老先生，寿高天下，身历七朝，诚中华人瑞。吾黔邑二十一乡所仰望而企慕者也，稽其懿行，事继母孝，爱兄弟友，理家政勤，处邻里和，不忮不求，甘心泉石。生于嘉庆庚辰（1820 年），时年高一百有三，身犹矍铄。真山川之灵气所钟，得天下之菁英独厚欤。民国八年开百岁宴，蒙县长高给以“寿祝期颐”四字匾额，详申大宪，与修正褒扬条例第一条第八款相符。省长杨给以“美意延年”四字匾额，准予建坊。俟大局统一，再由县署查证向例造具册结呈候咨部请褒存，迭遇凶岁，艰于建坊，待丰年然后经始。今令侄文治，姑捐资竖碑，以垂不朽云。前清文生现任高小校教员姻晚王孝纶撰并大书，师范毕业生现任初小校教员表侄刘明扬沐手敬书，石匠刘吉臣刻钻。中华民国十一（1922 年）岁次壬戌仲春月中浣。①

6. 沙坝圣旨碑（图 1-1-19、图 1-1-20）

黔江有一块至今保存完好的圣旨碑，这块碑位于沙坝乡十字村 1 组，为诰赠晋封为通议大夫、中宪大夫的龚学文墓墓碑。该墓修建于清朝光绪二十八年（1902 年），长 5.5 米、宽 4.8 米、高 5.5 米，占地约 50 平方米。正面镂空九龙图案，正中镶嵌“圣旨”二字，基座由整块石头雕琢而成，飞檐翘角，造型独特，深浮雕戏曲人物、狮子滚绣球、龙、凤、鱼、鸟、花、草及瓦当纹、云纹等图案。该墓造型别致，工艺

①重庆市黔江区政协学习文史委：《黔江文史（四）·墓志铭专辑》，2006 年，第 360 页。

图 1-1-19

图 1-1-20

精细，人物形象栩栩如生，是黔江目前发现的保存最完整、雕刻工艺最精美的清代墓碑。墓碑记录了黔江区沙坝乡十字村龚姓家族在明清时代的显赫地位。

据圣旨碑墓志记载：受当时朝廷诰赠晋封为中宪大夫、通议大夫的龚学文，生于清乾隆乙巳年（1785 年）六月初六丑时，卒于同治岁次癸亥年（1863 年）二月初九丑时，享年 79 岁。其墓碑修建于清光绪二十八年（1902 年）八月，为赐同进士出身，同知直隶州衔，特授山东登州府文登县知县姻愚侄陈景星纪实撰文，钦加五品衔补用通判前光即选詹事府主簿、秀山增贡生族侄孙龚应歉校字并沐手书丹，国学生孝孙绍烈监修，邑廪膳生曾孙秉衡撰行状。

龚学文墓志铭：

咸丰初服，星始束发受书，即闻父老称颂黔邑伟人，必首屈圣裁龚公（指龚学文），及家堂伯秀峰公。两公皆邑中巨望，世为婚姻，先堂伯犹及见至圣裁公。星始终未瞻德貌，窃歉然。壬寅（1902 年）春，归自山东，公孙鸿逵造庐，持其从子秉衡撰公行状，乞为铭墓，并述其弟绍烈为监造幽堂，数载勤劬，欲以养酬万一。星以童年景慕未及亲炙之人，忽于行状中得公事实，慰与欣交集，曷敢以不文辞。谨按，公讳学文，字圣裁，援例捐同知，更名斐然，黔江泡水乡人。祖讳近礼，崇本立农，潜德未耀，赠通议大夫。妣邓氏封淑人。父字永常，乐善好施，赠通议大夫。妣侯氏封淑人。生二子，长学诚，劬（勤）学早逝；公其次也，幼失怙恃，即至性过人。嫂谢氏，抚孤励节，明敏有智计，持家整肃，公敬事如母，事无巨细，必咨禀而行。嫂殁，公悲戚感动路人，祭葬皆礼。乡人多嫂氏之贤，尤多公之盛德，足以风励末俗。年十九，佃人有命件构大狱，公受孚室累，赴省就质，谳狱者见其年少，词直，知为无辜，得释归。此后益多所强忍褆躬，励行至笃，老不倦，尝曰："圣贤垂训，不外尽人伦，舍忠孝无以为本，舍礼让无以接物。"故训诸子及孙、曾辈谆谆以孝友为先。家族内外，沐其德政，无诟谇嚣争之习者数十年。性极慈爱，见人所失，如疢疾在身，必医之平妥而后快。道光己酉（1849 年）岁大饥，捐黄木坝积谷数百石，设厂赈济饥民，全活无算。后每值岁歉，必捐赀（资）先期平粜，以故境少流亡，戚里之民得以举火。抚恤埋葬者，指不胜屈。县城河水迅急，人病徒涉，邑侯朱公倡修普济大桥，所费不赀，公首捐八百金，复劝苏某输四百余金，众感奋踊跃，一日遂集资万金，而桥工已成。城内文昌宫年久将圮（圮），公施千金产为每年培修费，余资储为宾兴。后邑绅将业隶入大会，积久裒成巨款，今岁科卷储、文武宾兴皆取资焉。他如修三圣宫、筑二郎寨，为比闾祈福御冦者，无不尽力营之。咸丰辛酉（1861 年），发匪陷县城，邑侯张公檄公募勇防剿，公捐重金，募健勇数百人，督第四子树嘉、孙绍煦，率同乡团昼夜防御。贼知有备，窜往湖北，乡里借以保全，里人颂公功，公终以未能剿贼为歉。公以孤露早，恨未卒学，每敬礼儒士，重科甲，先后聘邑孝廉斗南陈公，酉阳名宿吴公小三，延课子侄，并为迎其妻孥，脩馔丰给，为一邑最，历数十年无倦色。两先生亦雅重公，尽心训迪。馆中书籍鳞比，两先生得纵观沉酣其间，著作益宏富。吴公旋掇巍科以去。单寒之士，无力购书，闻公积书多，爱文士，不惮数百里，趋之如鹜，公悉加礼接，恣其流览。俾子若孙、曾辈，亦藉（借）以涵育薰陶，游庠食饩者接踵而起，皆有声黉序间，其食报也厚矣。公举大夫子八人，五子树吉，久困场屋，捐报知县，将需次湖南，恐拂公意，初不始公知，濒行，始挽戚友告公，长跪请罪。公曰："今天下多故，湖南贼氛正炽，民罹锋镝，当汝能为国报效，有志杀贼，是即孝也。虽出山何害。"后树吉即醴陵，有政声，保升直隶州知州，以覃恩诰赠晋封公中宪、通议大夫。天章煌煌，闾里荣之。星尝慨世人坐拥富厚，终日会计仓廪，于穷人漠不加戚，即富而能施，如史称樊重、杨椿辈，散所有以济邻族，又未闻能敬爱文士，置曹仓邺架，以惠寒酸，而后叹公之畸行硕德，有大过人者，使得置身通显，如古人之开阁延士，置驿通宾，皆所优为。惜固于乡隅，未展阙用。然积之厚者，流世泽于以知，公之流泽正未有艾也。公生于乾隆乙巳年（1785 年）六月初六日丑时；卒于同治岁次癸亥（1863 年）

二月初九日丑时，享年七十九岁。德配庞淑人先公卒，簉室闵淑人后公卒。长子树英，国学生；次子树晋，翰林院待诰衔；四树嘉，蓝翎守备；五树吉，补授湖南长沙府醴陵县知县，升用同知、直隶州知州；六树清，学优未售；八树善，议叙从九；三树猷、七树声皆早逝。孙十余人，绍照，国学生；绍煦，增生、候选分州；绍炘、绍焯，俱国学生；绍焜，庠士、湖南候补通判、例捐盐提举衔；绍炀，现湖南候补巡检、鸿逵六品衔、江西候补县丞、补用知县。曾孙二十余人，秉衡廪生，循庆从九，循瓒庠生，余皆儒士。其家女七，长适国学蔡肇杰，次适岁贡李宗琇，次适从九陈其燊，次适道衔四川补用知府余兆祥，次适武庠李国治，次适武国学生冉祖庆，次适武庠傅应长。以本年丙辰月庚子日甲申时，葬于新井坝壬山丙向。铭曰：

维此哲人，乡帮元气。宅心以人，制事以义。
善俗型芳，能持大体。植朽嘘枯，沟壑见起。
河润九里，堂储万卷。寒竣开颜，投辖不倦。
阴德耳鸣，诗书食报。济济簪缨，惬公所好。
泽被珂乡，神还造物。高朗令终，克全五福。
武陵矗矗，泡水鳞鳞。流辉万祠，水屹贞珉。[①]

四、政策族训碑

1. 濯水道德碑（图 1-1-21）

图 1-1-21

在黔江区濯水古镇的街面上立着一块 1 米多高、约 0.5 米宽的石碑。石碑立于清光绪十四年（1888 年），距今已有 120 多年的历史。石碑阴刻“天理良心”4 个大字。此石碑是武陵山地区极为少见的道德碑，碑文记载的是村民王明芳将自家的土地赠送给灵应寺做柴山之地，立碑以表王明芳此举是凭天性和善心，以警示古镇商贾经商、为人和处世之道在于“天理良心”。石碑旁立有公平买卖的情景雕塑，雕塑中的卖者在出售蔬菜时将称菜的秤杆高高翘起，让买者过目，以表诚信，而买者没有去看秤杆，而是站得远远的，以表对卖者的信任。天理重视他律，良心强调自律，

①重庆市黔江区政协学习文史委：《黔江文史（四）·墓志铭专辑》，2006 年，第 275 ~ 279 页。

两者相辅相成。道德碑对于濯水商贸活动的影响极其深远。

碑文记载：

立出施白人王明芳，今将受分之业地名过度，场沟里头、堰坎脚山土一业施与玉灵山灵应寺，以作柴山之地。其有界畔：东抵大沟心，南抵谢姓界，西抵谢半垠，北抵水沟下半截齐岩脚。四界分清无另施他人寸角。自施之后，凭寺内之人栽种，禁蓄则材木不可胜用。施白为记。

2. 石会武陵山警示碑（图 1-1-22）

黔江区石会镇武陵山寺庙里收藏着一块署名为“觉睿”的警示碑，该碑高 1.17 米，宽 0.7 米，厚 0.07 米，正面刻有文字“诸恶莫作，众善奉行”。

3. 阿蓬江铜钱堆碑（图 1-1-23）

位于黔江区阿蓬江镇黄莲村，宽约 1.1 米，高约 2.4 米，立于明万历十一年（1583 年）。该碑主要记载了原酉阳土司冉维屏在这个地方买卖土地的情况。

图 1-1-22

图 1-1-23

五、宗教民俗碑

1. 白石凤池山悬棺塔碑（图 1-1-24）

黔江区白石乡凤池山临近山顶的山岩下有十多处和尚墓，墓塔建在岩壁之中，形成了较有规模的和尚墓群。这些属于中国南方古代少数民族的崖棺墓葬也被称为悬棺，悬棺的葬式主要分为三种：一是利用天然洞穴，再经人工用砖石堆砌后，置棺其上，或采用比较合适的天然岩穴，直接将棺柩放入其中；二是在悬崖峭壁上凿孔打桩，将棺木摆放于木桩上；三是在绝壁上利用天然小石洞，凿成长方形或其他形状的洞穴，将棺木置于所凿的洞穴之中。凤池山和尚崖棺墓葬属于第一种，具有当地土家族人墓葬习俗的元素。悬棺一般是佛外之人采用，古时出家人运用这样的墓葬形式，国内还不多见。

图 1-1-24

和尚塔是有功德的和尚去世后，其弟子将其骨灰或尸骨葬于地宫，再在地宫上建的纪念塔。塔的大小和高矮，按其功德大小所定。塔址一般选择平坦的地方。在凤池山和尚墓群中有一座和尚塔，塔前的碑石至今保存完好。塔碑由三道门组成，一个正门，两个耳门，左耳门已不翼而飞。塔碑高 1 米，宽 0.6 米，碑上的文字清晰如初，中间刻有“传临齐正宗第四十一世空慧老和尚塔”，两旁也刻有“大清同治五年（1866 年）丙寅岁孟夏月立”“徒孙”和“徒玄孙”等。

2. 石会斜岩寺塔碑（图 1-1-25、图 1-1-26）

斜岩寺位于武陵群山之中的石会镇黎明居委 9 组三叉岩，原占地面积约 6500 平方米，如今保存下来的 3 幢殿宇占地约 650 平方米，分为前殿、正殿和后殿。

前殿叫灵观殿，采用抬梁式梁架结构，建筑面积 247 平方米，共 3 间，每间进深 5 米，外壁是用火砖砌的封火墙，墙的边沿为卷草纹彩绘。正殿也是抬梁式梁架结构，建筑面积 180 平方米，共 4 间，每间进深 12 米，壁板及柱头用生漆刷过。青瓦盖墙檐，檐角微翘，有兽面纹饰。踏步前的龙凤石刻浮雕，宽 1.6 米、长 1.4 米。封火墙用青砖砌成，殿柱础均为砂石雕刻而成，有撑鼓式、方形圆角或方形等，浮雕为花草、人物和动物等图案。后

图 1-1-25

图 1-1-26

殿又称观音殿，仍为抬梁式梁架结构，建筑面积 223 平方米，5 间房中只有 1 间为木质，其余 4 间均为砖木混合，墙体用石灰刷过，并有长方形线条框着的彩绘图案。

寺内原有木佛像一百多尊，寺院围墙外原有僧人塔墓二十余座，有不少佛像和塔墓在历史的洪流中被损毁，但至今还留存着 11 座塔墓，残留在上面的文字也还能依稀可见。其中一座塔墓高 2.6 米，底座为正方形，高 0.8 米，边长 4 米，塔墓正面刻着“童真入道”4 个大字，旁边还刻有一列小字：“道光二十二年（1842 年）十二月吉日立”。另外一座塔墓有三层塔檐一个塔顶，高 3.5 米，底座为正方形，高 1.15 米，边长 1.65 米，塔墓正面刻着“宝塔千年”四字，旁边还刻有“松影空禅口，山观悟性胜”一联。从塔墓形制、部分文字及斜岩寺始建时间可以推测该塔群的修建年代应为清代中晚期。

若然和尚墓碑文：

圆寂恩师闻法字若然燮老和尚墓。师于民国九年（1920 年）庚辰岁古禾正月四日亥时在黔江县石会乡本念堂念佛归西。居士童毓亭拜撰并书。

宗峰和尚墓碑文：

恩师上宗下峰字离尘老和尚墓。生于前清光绪十二年（1886 年）丙戌年岁三月十五日未时，系四川省彭水县凤山乡老郁山下码头生长人氏，享年六十岁。殁于民国卅四年（1945 年）乙酉岁五月十九日未时，仍在本省彭水县大河乡宝光寺告终。中华民国三十六年（1947 年）仲夏月吉。

和尚墓塔一：

生于□道光三年（1823 年）癸未岁六月六日丑时，生于湖南慈利县都东右古润□土地生长刘□光岁礼师月参□双楼□下受具□清翁老人传付一□刹那□十余载，□承上人生前之恩可报于堂来是叙三年三月吉日住持建。

和尚墓塔二：

□□恩师胜隆芝老人墓。

图 1-1-27

3. 县坝观音庙纪事碑（图 1-1-27、图 1-1-28）

黔江区舟白街道县坝社区，段溪河峡谷对岸北面的观音山上有一座观音庙。观音庙建在 20 多米高的观音山绝壁上，据庙前石碑记载，观音庙是由一个姓何的湖南人修建于清嘉庆年间，距今已有200多年的历史。

观音庙前石梯旁的一个石台上立有两块石碑，皆为青石料，碑文属阴刻，碑石立于光绪二十八年（1902年）。第一块石碑上刻的是碑序，上方写着“万古流芳”，右上方写有《重修观音山序》，碑的序文有：

图 1-1-28

闻之山不在高，有仙则名，水不在深，有龙则灵。此山之得名者，盖有故也。缘于嘉庆年间，有湖南何姓者，富而善，仅有一男，方数龄患病毙。大士化身女医，活之诘。其姓曰：“观。”其居云：“县坝场后崖口。”何姓德之□□，金不受。病愈，携其子至遍访，无观姓者，只见路旁石穴灵光四射，中有白石尺许，状类女医。始悟，治其子者乃救苦观世音也。爰损金为此立庙。远□闻而异之因名其山曰：“观音山。”历年迭石灵异，有求辙应。每三六九会期，遐迩来朝者络绎不绝。闻境共□葱荫，结善缘……

第二块刻的是建庙时募捐者的姓名和捐款数目，碑文有：

同治初年，粤匪过境，庙宇遭贼匪烧毁，乡里亦由此萧条……光绪己卯年有王大道等倡募数十金，仅修正殿……吴成春等捐募三百余金另立。光绪二十八年（1902年）壬寅岁季春立……

4. 蓬东石笋庙“法界”碑（图1-1-29）

在黔江区蓬东乡与五里乡的交界处，耸立着一座如擎天柱般被当地人称为“石笋”的悬岩。石笋底座500多平方米，高150多米。200多年前在石笋之尖修建过一座寺庙，叫石笋庙，现已损毁。在石笋庙遗址处，还有两处土地庙，分别坐落在石笋上的两个天然台阶上。两个土地庙占地均不到1平方米，高不足0.5米，且都被损毁过，现有的是近年来当地人用乱石搭建的。在第二个土地庙上有一块残缺的碑石，石上刻有“法界”二字和插有花束的瓶，这是石笋庙仅存的一块碑石，“法界”也是石笋庙仅存的文字。

图 1-1-29

第二节 石刻

一、摩崖石刻

1.观音岩摩崖石刻(图1-2-1)

图1-2-1

位于黔江区城东街道城东村东1000米处的观音岩石壁上，长3.1米，宽1.4米，面积4.3平方米，横排楷书阴刻“望治情殷”4个大字，字宽0.54米，竖排小序：“余于前清宣统三年（1911年）辛亥十月莅任，民国元年（1912年）壬子五月请假回籍，时当改革，无补民生，行将去矣，因题款字，以志感怀”。下款刻“黔南赤水王良鼎”7个遒劲大字。

王良鼎为清代末任黔江知县。他在任期间，正逢清末动乱之际，国家飘摇不定，国民贫困交加，以致王良鼎不能很好地治理黔江，实现自己的志向，还常为国家的前途和个人前程担忧。在离开黔江时，王良鼎来到观音寺烧香拜佛，随后便在石壁上写下“望治情殷”四字，表达内心的愁闷和无奈。

2.太平洞摩崖石刻（图1-2-2、图1-2-3）

太平洞位于黔江区阿蓬江镇石合村1组，洞的左侧崖壁上有连块石刻。太平洞石刻群占地1023平方米，第一块采用楷书阴刻“风雅绝伦”四字，宽2.2米，高0.9米，字宽0.16米，字距约0.04米。朱红色上款“太平主人洞府落成志庆”，下款“众亲友同贺，中华民国二十七年（1938年）重九易太平书”。

第二块采用楷书阴刻“奇境天开”四字，字体朱红色，宽2.8米，高1.1米，字宽约0.4米，字距0.1米，笔锋刚劲。上款“丙午春，余奉檄榷两河口，公余游玩，见古洞晗珂，深数十里，入其中者，几疑别有天地，因题数字，以志鸿爪”。下款“黔南王良鼎于清光绪三十三年（1907年）仲夏”。

图1-2-2

太平洞洞口处有一石门，门柱上刻有一对楹联，上联是“万物旅行天地内”，下联是“一心常在太虚中”，横额为“洞天宾馆”。洞中有一块巨大的岩石，宽 2 米，高 0.95 米，自号醉梦山人的杨春如在中华民国戊寅岁（1938 年）重九日在岩石上撰书《泰平洞序》，其残留文字有“夫有非常之地而生非常之人，有非常之人而现非常之地……人众多寻桃源以伦避乱计，然泰平之意不在此，在乎山水之间也。于宅南觅得阴古洞前有阿蓬江水，曲曲折折回绕而来，后有峻岭崇山，叠叠重重蜿蜒而至，左右泽群峦环抱，虎踞龙盘，岁禹穴空峒齐云落星皆不得专，美美而太平筑室于其中因命名；泰平洞有范文，正先天下之爱而爱，后天下之乐而乐之意也”等 370 多字。由于岩石风化，部分字已模糊不清，无法准确辨认，但从已有的文字可知，《泰平洞序》主要叙述当时的历史背景及太平洞的由来。

图 1-2-3

图 1-2-4

3. 黔酉界“川湘一贯”石刻（图 1-2-4）

酉阳县黑水镇大涵村国道 319 线边上，黔江区与酉阳县交界处的一块石面上刻有“川湘一贯”4 个大字，两旁分别有时间和署名，这处石刻刻于中华民国二十六年（1937 年）秋，落款为段长张剑魂。该题词是川湘公路上独有的文化遗存，具有重要的史料价值和人文价值，其书法和雕刻艺术也是不可多得的珍品。

4. 柏荫桥摩崖石刻（图 1-2-5、图 1-2-6）

柏荫桥是黔江区白石乡两河口的一座风雨桥，桥长 20 多米，宽约 5 米，桥上有护栏，桥上铺的全是木板，盖的是青瓦，整座桥全是穿枋斗榫的木质结构，没有采用一铁一钉，是土家族创造的一个建筑奇迹。根据桥边的摩崖石刻记载，此桥叫柏荫桥，因桥两岸翠柏成荫而得名。此桥建于 1918 年，是当地大地主罗炳然牵头集资所修，距今已有 90 多年的历史。

图 1-2-5

图 1-2-6

柏荫桥北岸的公墓碑是一处摩崖石刻，石刻原文：

此堂经余捐作公墓地后，余之子孙永无当卖抵押权，倘有不肖当卖抵押权不得日日大务，希地方人士秉公请政用从严治罪以惩其不肖，此余之明厚望矣，罗炳然氏订夫公墓地之□，用以藏无依无靠形骸如上古业之沟壑□□，以食禽兽有伤人道故世界各国皆有之，及余若祖若宗捐设多处，余虽不敏，有感时□今特将私有地两河口热土一□，永捐作公墓地，后无依死者而有依得保障□□后之安入□□□爱国类之心非借此邀福誉世□□置大言以明不朽云雨炳然罗时煊撰并书，中华民国三十八年己丑五月谷旦立。

葬坟者从上而下，挨坟排葬，不得单葬妨碍后来葬者。公墓地未葬之余地仍归余子孙收租勿替。地名两河口，□□宝于张姓其界畔，上齐李姓大工仑坎，下齐大河心，左齐后河心，右齐田老坎为界。

公墓碑旁边还有一处石刻，长约 0.8 米，宽约 0.5 米，阴刻着“禁止毒鱼”4 个大字。这是渝东南地区迄今为止发现的最早的生态保护石刻，足以看出人们对环境资源的保护意识。

图 1-2-7

图 1-2-8

图 1-2-9

5. 石家关口题刻（图 1-2-7、图 1-2-8）

位于黔江区石家镇关口村。该题刻面积约 10 平方米，横排阴刻“砥砺廉隅”，竖排落款“张九章书”，是张九章于 1893—1897 年担任黔江知县时所题。

6. 白石水清石奇石刻（图 1-2-9）

位于黔江区白石乡安山村罗炳然洞外右侧的绝壁上，刻于中华民国初期，南北向，距离地面约 6 米，所占面积约 4 平方米，石刻长约 3.5 米，高约 0.8 米，从右到左横排阴刻行书“水清石奇”四字，字高约 0.8 米，宽约 0.8 米，竖排落款为“罗炳然书”，所刻字全用红漆填色。

二、其他石刻

1. 沙坝石花钵（图 1-2-10）

黔江区城南街道沙坝社区沙坝巷藏有 3 个石花钵，均为细砂石所制，质地坚硬，每个平均重 40 千克，高 0.31 米，上口直径 0.42 米，底部直径 0.27 米。在花钵的 6 个面中，有两个面刻字，四个面雕花。除阴刻有梅、兰、竹、菊、荷等花草外，每个花钵上都有不同的题字，分别为楷体、篆体、象形字，其雕刻工艺水平很高，显得古色古香、高雅别致。其中一个花钵刻有“看取莲花净，方知不染心，民国丙子（1936 年）孟秋中旬，

图 1-2-10

陆军少将衔平阶书并画”，说明这个花钵上的字和画均为平阶所作。另一花钵上，阴刻着“举世皆浊我独清，众人皆醉我独醒”，时间为“丙子岁孟秋上旬，古丹兴阶罗时泰书”。第三个刻有“中庸堂主人制”。

2. 张氏民居石刻（图 1-2-11 ～图 1-2-14）

坐落在黔江区黎水镇长坪村 1 组的“张氏庭院”，是传统四合院式建筑，始建于 1911 年，因居住主人为大地主张合卿而得名。这座建筑充满着浓郁的土家族风情，总建筑面积 1071 平方米，占地面积 3287 平方米，前厅廊道配有雕饰的柱础，石质坚硬，未风化、未变色。庭院的后花园的鱼池四周，各立有漏斗形的石墩花台一个，花台上部由整块石头镂空打磨而成，均为六边形，有的面上阳刻着梅、兰、竹、菊等各式图案，有的面上阴刻着不同诗文。

张氏民居院子中的花台台面上雕刻有文字作品数幅，侧面还配有花草树木图案，二者相得益彰，交相辉映。

图 1-2-11

图 1-2-12

图 1-2-13

图 1-2-14

3. 万涛故居石刻（图 1-2-15、图 1-2-16）

中国工农红军第三军政委、洪湖革命根据地创始人之一——万涛烈士故居坐落在黔江区冯家镇桂花村，总占地面积约 1780 平方米，为青瓦木结构建筑，始建于清朝同治十一年（1872 年），穿斗式梁架，单檐悬山式屋顶，门楼、正厅、厢房和绣楼俱全，楼栏和花窗上雕饰有狮纹、水波纹和草叶纹等。古宅大院前有一块大石，正面刻着“万涛故居”4 个楷体朱红色大字，侧面刻着“廉政广场”4 个楷体朱红色大字。

图 1-2-15

图 1-2-16

4. 鹅池“惜字库”（图 1-2-17 ~图 1-2-19）

“惜字库”又叫字库塔，是古人用来烧毁写有文字纸张的地方。古人认为文字是神圣和崇高的，写在纸上的文字不能随意亵渎。即使是废纸，也必须诚心敬意地烧掉。黔江“惜字库”位于鹅池镇鹅池社区 3 组，保存较完善，碑文清晰可见。

图 1-2-17

图 1-2-18

图 1-2-19

黔江“惜字库”于清光绪十九年（1893 年）癸巳岁小阳月建成，距今已有 120 多年时间。整个惜字库为六角攒尖，高约 4.5 米，分四层，全由青石构成。最下方的库基为边长 1.5 米的正方形，由三轮半 0.8 米高条石建成，支撑着整个惜字库。惜字库每面均由厚约 0.04 米的整块青石构成。第二层正面书“惜字库”三字，两边刻有“覆藏原有石，爱惜本如金”对联，中间建有一 U 形小口。每层间由约 0.08 米厚的两块挨着的石板隔着。第一层与第二层之间的隔板还建有 3 道漏灰桥，里面可见六壁被烟熏黑的痕迹，隔板上还残留着许多昔日焚烧写有文字纸张剩下的灰烬。这座“惜字库”是黔江唯一现存的字库塔，这种具有实用功能的字库塔非常罕见，整个乌江下游地区仅此一处，对研究清代黔江的文化教育具有特殊的考古学价值。

5. 白土梯子岩石刻（图 1-2-20）

图 1-2-20

位于黔江区白土乡三塘村梯子岩的一块崖壁上，分为上中下三部分，总占地面积约 100 平方米。最上部分浮雕瓦当纹、水波纹、寿字纹和鱼纹；中间部分宽约 1.3 米，高约 0.3 米，中间采用楷书阳刻“普陀岩”，两旁分别刻有“普度”“众生”“霊威”“□奕”等文字；最下面部分有一佛龛，两旁采用楷书阳刻“何须朝南海，即此是普陀”一联。

第二章 酉阳碑刻辑要

酉阳土家族苗族自治县（以下简称酉阳县）处于长江上游与中游的交接地区，是渝、鄂、湘、黔四省市结合部，地处武陵山区腹地，东邻湖南省龙山县，南与秀山县、贵州省松桃县和印江县接壤，西与贵州省沿河县隔江（乌江）相望，西北与彭水县，正北与黔江区、湖北省咸丰县和来凤县相连。酉阳属武陵山区，地势中部高、东西两侧低，素有“八山半水一分半田”之喻。西面有滩急浪高的乌江天险，东面有被喻为“土家族摇篮”的酉水河。全县以毛坝盖山脉为分水岭，形成两大水系，东部的酉水河、龙潭河为沅江水系，西部的小河、阿蓬江等为乌江水系。全县地形起伏较大，山势陡峭，地貌分为中山区、低山区、槽谷和平坝区三种类型。作为土家族苗族自治县，酉阳共由 18 个民族组成，据统计，现居住人口中土家族占总人口的 60%，苗族占总人口的 24%，都保留着浓郁的民族习俗，还散居着蒙古族、回族、壮族、彝族、藏族、布依族、满族、侗族、瑶族、白族、哈尼族、黎族、仡佬族、羌族、水族 15 个少数民族。

酉阳历史悠久，地广物阜，钟灵毓秀，人杰地灵。历史上，此地曾是 2000 多年的县府和 800 年州府所在地，是明、清时代川东南政治、经济、文化的中心，也是现今渝东南少数民族文化的主要分布区。其后溪古镇、龚滩古镇等千年古镇对民族文化保存的完整性令人震惊。2003 年 3 月，国家文化部授予该县“中国民间艺术之乡”称号；2003 年 10 月，重庆市授予其“重庆市民歌之乡”称号。

独特的衔接性地理位置使得酉阳便于吸纳多个地区特色文化来丰富自身文化内涵；复杂的地理环境造成的交通障碍和信息滞后使得酉阳在政治动荡的年代得天独厚地保存了尽可能多的历史遗产；多元化的民族构成使酉阳文化符号独具浓郁的民族特质与民族情感；悠久的历史积淀使其碑刻更具文化厚重感。

据酉阳文物普查单位调查，酉阳现存文物保护单位共 329 处，其中包含墓碑、石刻、界碑、祠堂、牌坊和寺庙等多种不可移动文物。这些文物作为酉阳地区的时空坐标和地域文化载体，是解读酉阳文化的重要密码，有着重要的文献价值。

酉阳碑刻作为一种记录历史文化的不可移动文物，无论从保存、形制还是内容，都深深打上了地方文化烙印，也正是这一烙印，使其更具研究价值。酉阳碑刻特色具体表现在如下几个方面：

（1）碑刻形制多样且变化无穷，主要有单一式、组合和复合结构三种。民间工匠依山势、地势，力图使整体与局部达到和谐，突出鲜明的营造特点和工艺水平，这无疑是土家族苗族自治地区人民的民族创造性的体现。

(2)碑刻雕刻题材多样且充满民族风情，主要有人物类、动植物类、几何纹样类、文字信息类等多种题材。如酉阳大车湾一座土家族古墓共有15组精美图案、20则历史故事，各幅浮雕绘画优美，雕刻细致，形象生动，被谭松先生称为“一部传统文化的‘百科全书’”。

(3)碑刻雕刻手法纯熟，富有创造性。在人物造型塑造上把人物的内心世界和性格特征刻画得惟妙惟肖。同时，雕刻人物的服饰、举止又与画面的内容、人物身份及故事情节和谐统一，相互呼应。如大车湾墓碑上埋儿奉母图，妻子头裹长布帕，右手牵着右衽长衫的孩儿，左手握锄，丈夫头戴瓜皮帽，背着土家竹背篓。动物、花草的刻画也匠心独具，在写实的基础上大胆取舍、变化，素材均源自生活，虽表现手法夸张浪漫，但让人感觉真切实在。

第一节 碑刻

图 2-1-1

一、墓碑

1. 白祥夫妇合葬墓墓碑（图 2-1-1）

位于酉水河镇老柏村 7 组，修建于明代，坐东向西，为条石砌土冢墓，二人合葬，呈椭圆形。墓长 6 米，宽 4.8 米，高 1.5 米，占地面积 28.8 平方米；墓碑为青石镜屏碑，两侧有撑鼓，碑高 2.6 米，宽 2.5 米，碑刻："故始祖考（妣）白公（母）祥（田）老大（安）人墓。"据白氏族谱记载：白祥夫妇于明洪武三年（1370 年）迁至本地繁衍生息。该墓为研究当地明代墓葬形制、丧葬习俗以及酉水河流域人口变迁提供了实物资料。①

2. 小屋基吴应全夫妇墓墓碑（图 2-1-2）

位于酉阳县两罾乡金玉村 5 组小屋基，修建于清光绪十二年（1886 年），坐西北向东南，为封土用条石围砌而成的长方形土冢墓，长 4 米，宽 2.6 米，高 2.5 米，占地面积约 10 平方米，墓碑为石质仿木重檐歇山式，四柱三开间，周围立有挡风墙，碑文记载有："皇清待赠故显考吴公应全大人墓""大清光绪拾贰年仲春月中浣三日吉立"。碑刻采用镂空雕和浮雕，以民间故事、戏曲

图 2-1-2

①罗万明：《酉阳自治县不可移动文物总目》，第 105 页。

内容作为题材，刻有人物、花卉、动物图案，做工精致，造型形象，生动活泼，具有一定的艺术价值。[①]

3. 大车湾生基墓墓碑（图 2-1-3）

位于酉阳县铜鼓乡清泉村 6 组大车湾，该墓为空冢，修建于清代，坐西向东，呈长方形，用条石堆砌而成，长 4.5 米，宽 3 米，高 2 米，占地面积约 13 平方米。墓碑为仿木石结构，三重檐歇山式顶，四柱三开间，通高 3.5 米，通宽 3.5 米，分为上、中、下 9 层。碑体正面浮雕 15 组图案，共有 100 多幅人物、动物、花卉，20 折历史故事，涉及儒、释、道等思想内容。墓碑上记有"光绪二年……叁月立，翰林院愚北陈序川拜题"。[②]该墓碑所刻人物造型优美、雕饰生动，为酉阳地区该时期碑刻的代表之作，具有很高的艺术价值和历史价值。

图 2-1-3

4. 生基边刘广益墓墓碑（图 2-1-4）

位于酉阳县龙潭镇新田村 2 组生基边。修建于清代，坐东南向西北，为长方形土冢墓，长 6 米，宽 3 米，前方有祭台，占地面积约 30 平方米。墓碑为石质结构仿楼阁式，重檐歇山式顶建筑，通高 3.6 米，通宽 2.2 米，通进深 2 米。有人物、动物、花卉等浮雕 30 多幅。阴刻的碑文有"皇清例赠登仕郎显考刘公广益府君墓""光绪庚寅年冬月十六日"。[③]

---

①罗万明：《酉阳自治县不可移动文物总目》，第 99 页。
②罗万明：《酉阳自治县不可移动文物总目》，第 99 页。
③罗万明：《酉阳自治县不可移动文物总目》，第 104 页。

图 2-1-4

5. 干溪沟冉正瑗夫妇墓墓碑(图 2-1-5)

图 2-1-5

位于酉阳县宜居乡楼房村 3 组，建于清代，为双人合葬墓，坐南朝北，条石堆砌封土，呈长方形，长 11 米，宽 3.5 米，高 2.5 米，占地面积 38.5 平方米。墓碑为仿木重檐歇山式顶，墓顶端有“狮子穿玉带”和“二龙抢宝”等深雕，阴刻的碑文有“精灵巩固”等。周围有石砌外墙，高 1.8 米，厚 0.6 米，宽 8 米，进深 14 米，院门仿木重檐歇山式顶，高 4.2 米，宽 5.3 米，浮雕“八洞神仙”“西游记”“福”“寿”等。[①]

6. 偏柏村骆德山墓墓碑(图 2-1-6)

图 2-1-6

位于酉阳县偏柏乡偏柏村 1 组，建于清代，坐东朝西，为土冢墓，封土是由后向前逐渐倾斜盖面，呈椭圆形，长 6 米，宽 4 米，高 2 米，占地面积约 24 平方米。封土外围用条石围砌呈拱形，长方形墓碑，高 1.2 米，宽 1.1 米，碑文记载“清待赠显考骆讳德山老大人之墓”“生于乾隆癸□年九月

①罗万明：《酉阳自治县不可移动文物总目》，第 104 页。

二十三日”“殁于道光乙亥年二月初一”。[①]

7. 五把山白氏墓群墓碑（图 2-1-7）

位于酉阳县偏柏乡鱼水村 3 组生基坪，为家族墓地，均坐南朝北，修建时期为清同治年间至中华民国时期，3 个墓院呈阶梯式纵列，共 7 座墓葬，总占地面积约 450 平方米。三个墓院的石栏、院门和墓碑造型基本相似，其中一个院子中有墓两座：一块墓碑为石质仿木重檐歇山式顶，四柱三开间，高 3.8 米，宽 3.8 米；另外一块为警示碑，立于院东北角，碑高 2.2 米，宽 1.1 米，阴刻小楷，内容为告诫后人遵循族训，不得赌博、吸食鸦片和恃强凌弱等。

8. 生基湾黄彭氏墓墓碑（图 2-1-8、图 2-1-9）

位于酉阳县大溪镇杉岭村 7 组生基湾。墓地坐西南向东北，现有墓葬两座，均为石围土冢墓，呈长方形。其中一座墓封土长 4.1 米，宽 3 米，高 1.3 米，墓碑为石质仿木重檐歇山式顶，四柱三开间，高 3.7 米，宽 3.5 米，碑文阳刻“故显妣黄门彭老孺人之墓”等。[②]

9. 羊角老杨氏墓墓碑（图 2-1-10、图 2-1-11）

位于酉阳县黑水镇马鹿村 10 组羊角老，建于清代，坐东朝西，为条石围砌的长方形石室墓，有封土，长 5 米，宽 2.7 米，高 1.7 米，前设有祭台，总占地面积为 30 平方米。石质结构重檐歇山式墓碑，四柱三开间，高 3.8 米，宽 3.1 米，碑面浮雕花卉、动物等图案，碑额雕刻“万古佳成”四字，碑文阴刻有“清故显妣冉母杨氏老孺人之墓”“道光乙酉年”等文字。[③]

图 2-1-7

图 2-1-8

图 2-1-9

①罗万明：《酉阳自治县不可移动文物总目》，第 106 页。
②罗万明：《酉阳自治县不可移动文物总目》，第 149 页。
③罗万明：《酉阳自治县不可移动文物总目》，第 182 页。

图 2-1-10

图 2-1-11

10. 生基岭冉严氏墓墓碑（图 2-1-12）

位于酉阳县龙潭镇铜陵村 7 组茶湾生基岭，建于清代，坐北朝南，石围土冢墓，长 5.5 米，宽 2.5 米，高 2 米，占地面积约 13 平方米。重檐仿木石结构墓碑，歇山式顶，四柱三开间，宽 2.5 米，高 4 米，浮雕人物、瑞兽图案 7 幅，碑文有“故祖妣冉母严老孺人之墓”“光绪乙丑年立碑”。[①]

11. 刘文德墓墓碑（图 2-1-13）

位于酉阳县桃花源街道城北社区。该墓立于中华民国时期，坐东朝西，由石围栏、墓园门牌坊、墓碑及墓组成，占地面积 200 平方米。墓碑为石质仿木结构歇山式顶，四柱三开间，通长 5.4 米，通宽 4 米；墓园门牌坊为石质仿木结构歇山式顶，通高 6 米，通宽 4.5 米。墓碑及墓园门牌坊饰以民间故事图、吉祥动物图、文字和浮雕人物、花卉等图案，内容丰富，雕刻精美，对于研究当地的石雕艺术具有较高实物价值。

图 2-1-12

图 2-1-13

①罗万明：《酉阳自治县不可移动文物总目》，第 223 页。

12. 铁马洞王氏墓墓碑（图 2-1-14 ~图 2-1-16）

位于酉阳县丁市镇汇家村 2 组铁马洞，建于中华民国时期，坐西朝东，由青条石围成长方形，长 5 米，宽 2.3 米，高 1.05 米，前有祭台，占地面积 25 平方米。重檐仿木式石结构墓碑，歇山式顶，四柱三开间，高 2.8 米，宽 2.52 米，两侧撑鼓高 1.06 米，宽 0.58 米，厚 0.58 米；碑记“王金声之墓”“民国六年”等。该碑刻对于研究当地清末、中华民国初期的葬俗葬制及石刻历史变革具有一定的参考价值，于 2003 年被酉阳县人民政府公布为县级文物保护单位。

图 2-1-14

图 2-1-15

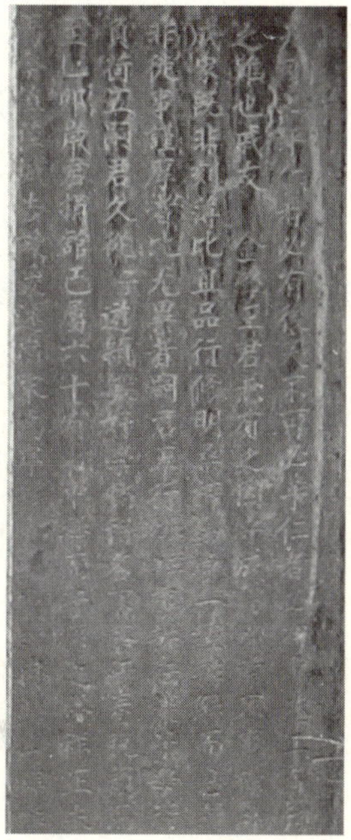

图 2-1-16

图 2-1-17

13. 王正维夫妇合葬墓墓碑（图 2-1-17）

位于酉阳县腴地乡上腴村 1 组后头堡。建于清代，坐东向西，为三人合葬石室墓，呈长方形，长 5 米，宽 5.3 米，封土高 1.4 米；前有祭台，祭台宽 9.15 米，长 1.12 米，占地总面积 58.5 平方米；墓碑为三重檐仿木石结构，歇山式顶，六柱五开间，宽 6.55 米，高 4.4 米，碑文阴刻“清待赠显考王正维大人墓，殁于同治丙寅年六月”“左清待赠显妣王母庹孺人墓”“右清待赠显妣王母全孺人墓”。[1]该墓规模较大，保存较好，是研究当地清代墓葬形制和石刻工艺的实物资料。

14. 大坟堡冉氏家族墓群墓碑（图 2-1-18）

位于酉阳县麻旺镇亮垭村 7 组大坟堡，建于清代，坐西向东，共 4 座，呈两排分布。石结构单檐墓碑，高 1.97 米，宽 0.76 米，厚 0.36 米，碑文阴刻“清故显考冉崇浭老大人墓”“大限于咸丰癸丑八年初一”。祭台进深 1.5 米，宽 2.1 米。其余墓葬形制大致相仿，年代大致在光绪年间。[2]该墓群对于研究该地区清代时期的葬俗葬制及冉氏家族史有一定的参考价值。

图 2-1-18

15. 埃河冉氏合葬墓墓碑（图 2-1-19）

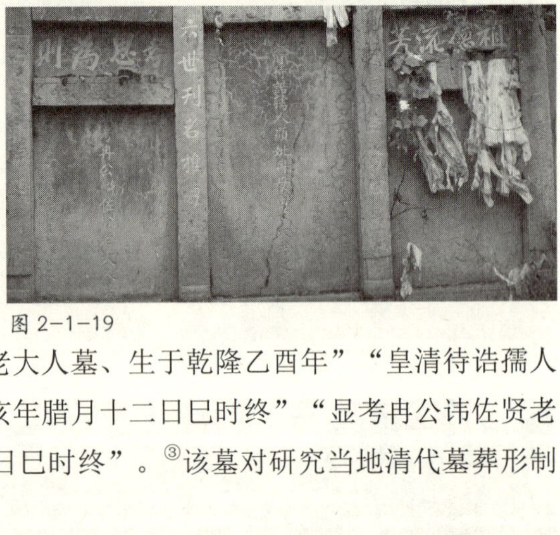

图 2-1-19

位于酉阳县麻旺镇长兴村 6 组埃河。建于清代，坐北朝南，三人合葬墓，围石已毁，仅存封土，呈长方形，长 7 米，宽 4 米，高 1.7 米，占地面积 28 平方米；三重檐仿木石结构墓碑，歇山式顶，四柱三开间，宽 4 米，高 3.8 米，碑记：“祖考冉公讳万金老大人墓、生于乾隆乙酉年”“皇清待诰孺人显妣冉母田老太君墓、大限于光绪乙亥年腊月十二日巳时终”“显考冉公讳佐贤老大人墓、大限于道光庚子年六月廿八日巳时终”。[3]该墓对研究当地清代墓葬形制及丧葬习俗具有一定的参考价值。

二、路桥指示碑

1. 大码头碑刻（图 2-1-20）

酉阳县文物保护单位，位于龙潭镇龙泉社区永胜下街，龙潭河对岸，坐西向东，

①罗万明：《酉阳自治县不可移动文物总目》，第 109 页。
②罗万明：《酉阳自治县不可移动文物总目》，第 201 页。
③罗万明：《酉阳自治县不可移动文物总目》，第 223 页。

图 2-1-20

石结构。码头由踏步、拴船孔和码头碑组成。踏步为阶梯式，其中约一半没入水中。南段岸上踏步 9 级，每级长 11.5 米，宽 0.3 米，高 0.18 米。北段下部呈弧形，岸上踏步 9 级，每级长 11.5 米，宽 0.3 米，高 0.18 米；上部呈直线，踏步 46 级，每级约长 4 米，宽 0.3 米，高 0.18 米。拴船孔直径 0.13 米。码头碑现嵌于万寿宫北面基础墙上，高 1.44 米，宽 0.61 米。碑文阴刻，竖写 18 列，其中正文 4 列 166 字。落款“大清乾隆四十七年岁次壬寅季冬月上瀚吉旦公立”。该码头为当时的重要交通物流场所，为典型的清代码头建造形式，为研究酉阳当地的水运及社会经济发展历史提供了珍贵的实物参考资料。

2. 龙头桥碑刻（图 2-1-21）

位于酉阳县龙潭镇龙泉社区龙泉路。建于清代中期，为石结构单孔拱桥，南北走向，桥长 6 米，宽 3.2 米，跨径 3.1 米，高 2.2 米，拱高 1 米；桥西面阴刻“龙头桥”三字，字碑长 0.83 米，宽 0.40 米，字宽 0.28 米。据考证，清代中期，因居住于小溪两边的陈氏家族不断繁衍，人口增多，为方便过往，而由陈氏族人出资修建。[①] 该桥对于研究当地桥梁建筑技术、社会文化变迁、交通状况等方面有一定的实物参考价值。

图 2-1-21

①罗万明：《酉阳自治县不可移动文物总目》，第 54 页。

3. 雅浦泉碑刻（图2-1-22）

酉阳县文物保护单位。位于酉阳县桃花源街道，地处酉阳河东岸。始建于清乾隆二十五年（1760年），石质井，占地面积140平方米。井口周长3米，深1.5米。阶梯式踏步19级，高6米，宽4.5米。井口立一石碑，长1.5米，宽0.8米，厚0.2米，阴刻“雅浦泉”三字。该井水长年不枯，为周围居民的饮用水源，给人民群众生活提供了极大便利，为该地区古井文化的研究提供了可靠的实物资料。[①]

图2-1-22

4. 四方井碑刻（图2-1-23）

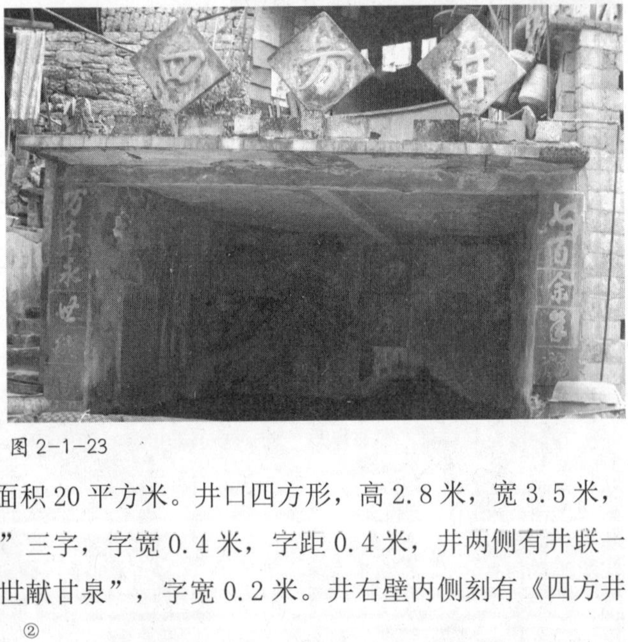

图2-1-23

酉阳县文物保护单位。位于酉阳县龚滩镇新华社区3组。始建于元代，1986年重修。现为混凝土井口，占地面积20平方米。井口四方形，高2.8米，宽3.5米，井进深3.5米，井有“四方井”三字，字宽0.4米，字距0.4米，井两侧有井联一副“七百余年施泽酒，万千永世献甘泉”，字宽0.2米。井右壁内侧刻有《四方井记》，记载了该井的维修情况。[②]

①罗万明：《酉阳自治县不可移动文物总目》，第66页。
②罗万明：《酉阳自治县不可移动文物总目》，第67页。

图 2-1-24

图 2-1-25

三、旌表碑

1. 石母周氏节孝碑（图 2-1-24）

位于酉阳县大河口村3组土地庙垭口。建于清代，坐北朝南，顺着山路而立，为石质令牌碑，高2.4米，宽0.7米，中间阴刻“圣旨：旌表节孝石母周氏老安人千古”15个大字，字宽0.12米，两侧阴刻96字，该碑刻对于研究当地清代碑刻文化及社会形态等有着一定的参考价值。

2. 后溪高碑（图 2-1-25）

酉阳县文物保护单位。后溪高碑位于酉阳县酉水河镇后溪村 3 组。1908 年建，占地面积约 5 平方米，碑高 3.3 米，宽 0.9 米，厚 0.17 米，隶书阴刻“特赠四等勋章刘公振之老大人之神道”16 个大字。刘振之生于 1823 年，死于 1908 年，葬于镇北清水堰，该碑系刘振之的学生、清末秀才杜香嗥和肖典模（后为民主革命活动家）为其立的德政碑。因石堤电站蓄水，该碑原址被淹，故将碑体后移 30 米重立。该碑具有一定的纪念价值和历史研究价值，于 2003 年被酉阳县人民政府公布为县级文物保护单位。[①]

图 2-1-26

3. 南腰界区革命委员会成立大会会址碑（图 2-1-26）

酉阳县文物保护单位。该会址又为八一军民大会会址，位于酉阳县南腰界乡南界村2组茅草坪，为一坡地，占地面积3000平方米。

①罗万明：《酉阳自治县不可移动文物总目》，第 246 页。

1934年8月1日，红三军在南腰界翘尾巴半山山腰的茅草坪，召开了万人军民联欢大会，欢庆中国工农红军成立七周年，同时宣布正式成立南腰界最高地方政权——南腰界区革命委员会。1983年，酉阳县人民政府在此立碑。该会址具有重要的革命意义和教育意义。[①]

图 2-1-27

图 2-1-28

4. 中国工农红军二、六军团会师遗址碑（图 2-1-27）

酉阳县文物保护单位。位于酉阳县南腰界乡南界村 5 组猫洞大田，遗址位于两山之间的空旷农田中，呈长方形，大会主席台设在西坡山麓，占地面积 3610 平方米。1934 年 10 月，中国工农红军第二军团、第六军团在南腰界召开了会师大会，会上宣读了中央的贺电，组建了二、六军团总指挥部，对挺进湘西做了鼓动。[②]遗址具有十分重要的历史价值和纪念价值，对研究中国的革命史和军事史提供了珍贵的实物资料。1983 年，酉阳县人民政府在此立碑。

5. 十大政纲题刻遗址碑（图 2-1-28）

酉阳县文物保护单位。位于酉阳县南腰界乡南界村5组，南腰界场东轩门口的四方形塔式土地庙（原叫水晶宫）中部墙上。1934年6月，贺龙同志率领红三军进驻南腰界后，为了发动群众和组织群众，宣传党的政策，红三军宣传队队长樊哲祥同志（曾任北京炮兵学校校长）用毛笔书写了中共六大的《十大政纲》。《十大政纲》的内容为：推翻帝国主义的统治；没收外国资本家的企业和银行；统一中国，承认民族自决权；推翻军

①罗万明：《酉阳自治县不可移动文物总目》，第 72 页。
②罗万明：《酉阳自治县不可移动文物总目》，第 81 页。

阀、国民党政府；建立工农兵代表会议（苏维埃）政府；实行八小时工作制，增加工资、失业救济与社会保险等；没收地主阶级的一切土地、耕地，归农民；改善兵士生活，给兵士以土地和工作；取消一切苛捐杂税，实行统一的累进税；联合世界无产阶级和苏联。该遗址具有重要的革命历史纪念意义。

6. 抗战建国阵亡将士纪念碑（图 2-1-29）

酉阳县文物保护单位。位于酉阳县龙潭镇永胜下街中山公园，建于中华民国二十八年（1939年），碑身用高3.8米，均宽0.64米的巨石打造，呈四棱锥顶形，南、北两面阴刻“抗战建国阵亡将士纪念碑”大字，字高0.13米，宽0.15米，字距0.08米。碑座四方呈阶梯式踏步各四级。碑身东面以及碑座四面题词五首，落款“中华民国廿八年八月”。1939年，黔军何绍周部撤离抗战前线回后方酉、秀一带休整时，当地人民为纪念阵亡的抗日将士，特立此碑以缅怀。它是龙潭人民拥军抗日的历史见证，具有较高的保护价值。

7. 红军烈士纪念碑（图 2-1-30）

位于酉阳县南腰界乡龙溪村2组。坐南朝北，建筑面积11平方米，占地面积256平方米。碑身为石质，长方形，高2.85米，宽0.43米，厚0.195米，碑正面阴刻“红军烈士纪念碑”7个大字；碑背面阴刻毛主席语录“成千上万的先烈为着人民的利益在我们前面英勇牺牲了，让我们高举着他们的旗帜，踏着他们的血迹前进吧”。

图 2-1-29

图 2-1-30

碑两侧分别阴刻“生的伟大，死的光荣”“革命烈士永垂不朽”。碑座阶梯式踏步6级，宽3.2米，长3.4米。该碑是缅怀革命先烈在民族解放、民族革命的斗争中不怕牺牲、英勇献身的革命英雄气概的实物资料，也是对广大人民进行革命传统教育、爱国主义教育的重要场所，具有重要的纪念意义。[①]

四、政策族训碑

1.永定成规碑（图2-1-31）

位于酉阳县龚滩镇新华社区。立于清代，坐东朝西，高1.63米，宽0.83米，厚0.13米，碑文内容大致是制订了当时龚滩码头上船下船的搬运力价，指定由何恒、郑昌信、王兴元、郑昌寿负责监督、执行碑刻的规定，“每包盐力价5文，搭盐每包6文，义散抬运脚夫并夫头工资在内……”[②]该碑刻对于研究龚滩古镇及酉阳地区清代经济、社会发展历史具有重要的实物参考价值，于2002年被酉阳县人民政府公布为县级文物保护单位，于2009年被重庆市人民政府公布为市级文物保护单位。

2.川湖大界碑（图2-1-32）

位于酉阳县木叶乡干田村14组。建于清代，坐西朝东，青石弧形单体碑，占地面积2平方米，碑高2.06米，宽1.17米，厚0.2米，碑文阴刻行书共57字，行文从右至左竖向排列，中间四个大字“川湖大界”，字宽0.3米，字距0.16米，落款为“大清乾隆二十四年十月奉”“四川酉阳州黄允和湖北来凤黄汝楠”。该碑为四川和湖北两省的分界碑，具有较高的历史价值，为研究地方历史及人文变迁提供了重要的实物依据，于1988年被酉阳县人民政府公布为县级文物保护单位。[③]

图2-1-31

图2-1-32

①罗万明：《酉阳自治县不可移动文物总目》，第85页。
②罗万明：《酉阳自治县不可移动文物总目》，第249页。
③罗万明：《酉阳自治县不可移动文物总目》，第242页。

3. 湘鄂川三省交界碑（图 2-1-33）

位于酉阳县大溪镇大溪村4组。占地面积达60平方米，3通，分别为三省碑、1996年立碑和2008年立碑。三省碑阴刻“湘鄂川三省交界之地”，为石质碑，高1.7米，宽0.4米，基座高0.26米；1996年立的碑，阴刻“四川”，落款“国务院 1996年”；2008年立的碑，阴刻“重庆·湖北·湖南”，落款“国务院 2008年”，大理石质，高0.9米，宽0.38米。大溪村地理位置比较特殊，乃重庆、湖北、湖南三省市交界的地方，鸡叫的时候，站在那里，能够同时听到三省市的鸡鸣声，故有“鸡鸣三省”之称。[①]

图 2-1-33

图 2-1-34

4. 保安坪碑（图 2-1-34）

酉阳县文物保护单位。位于酉阳县南腰界乡南界村3组上凉水井。碑为石质结构，高1.63米，宽0.83米，厚0.15米，阴刻“保安坪”三个大字，字宽0.48米，落款“咸丰十年十一月立”。咸丰八年（1858年），爆发猫山农民起义，南腰界人民积极参加反清斗争，后被镇压，清廷便在此地立碑图安定。[②]该碑刻是重要的史料，对于研究当时的社会情况提供了可靠的依据。

---

①罗万明：《酉阳自治县不可移动文物总目》，第246页。
②罗万明：《酉阳自治县不可移动文物总目》，第92页。

五、文人书法碑

张之洞题刻（图 2-1-35）

位于酉阳县桃花源镇玉柱社区 5 组南门坳，立于清代，坐北朝南，石质仿木结构，歇山式顶，四柱三开间，高 3.2 米，宽 3.5 米。主龛：陈继洐之墓；上龛竖排篆书阴刻“古之遗直”4 个大字，字宽 0.14 米，高 0.17 米，字距 0.02 米；落款“光绪乙酉年孟冬月吉旦，两广总督前四川学政南皮张之洞拜题”，字宽 0.04 米，高 0.045 米，字距 0.02 米。碑柱上对联一副，楷书阴刻“古地庚横开嶂岫，太邱子姓待公卿”，落款为“翰林院编修四川学政宋浚拜题”。[①]该碑刻为名人题刻，具有较高的历史价值、艺术价值，于 1988 年被酉阳县人民政府公布为县级文物保护单位。

图 2-1-35

①罗万明：《酉阳自治县不可移动文物总目》，第 243 页。

第二节 石刻

1. 铁围城遗址石刻（图 2-2-1 ～图 2-2-5）

酉阳县文物保护单位。位于酉阳县龚滩镇杨柳村 7 组，小地名马鞍城或云峰寺。该遗址占地面积约 8000 平方米，处马鞍城山坡之顶，东西为绝壁，东临阿蓬江，西面乌江，南北为小山坡，分布呈长方形，地面建筑被毁，残存部分城墙，由条石砌成，高 2 米，长 5 米，厚 1.5 米；房屋地基 12 间、鼓形柱础 2 个，阶梯式踏步 6 级。该遗址为南宋绍兴时，金头和尚金魁因为不满封建王朝的统治和剥削，在此据险造反，后起义失败，留下残基遗址。遗址脚下 1000 米处有石刻“屏障酉西”，落款为“滇西蒙化李士达题”。遗址西南和东侧岩壁上有“永垂世代”（落款“道光四年”）、“万古流芳”（落款“乾隆五十年”）、“永垂万古”（落款“咸丰九年”）等共 9 幅摩崖石刻，“永垂世代不朽”石碑一通。这些题刻为后人慕名而来寻找金头和尚造反之事留下的足迹，或欣然在岩壁上留下的吊唁和感想。该遗址为酉阳境内苗族人民反抗南宋王朝统治的不可多得的实物资料，反映了该地区丰厚的历史底蕴和文化，具有重要的历史价值。1988 年，酉阳县人民政府公布其为县级重点文物保护单位。

图 2-2-1

图 2-2-2

图 2-2-3

图 2-2-4

图 2-2-5

图 2-2-6

图 2-2-7

图 2-2-8

2. 荆竹关题刻（图 2-2-6）

酉阳县文物保护单位。位于酉阳县涂市乡桃鱼村5组荆竹池。南北走向，与两山相接，条石垒砌而呈长方形，长30米，宽3.6米；关口呈拱形，拱宽3.3米，高4.4米，厚3.65米，门额上方题“荆竹关”三字，阴刻，字宽0.3米，字距0.13米。该关口年代特殊，饱含历史文化信息，对于研究酉阳县军事文化历史沿革有重要的参考价值，具有较高的保护意义，于2011年被酉阳县人民政府公布为县级文物保护单位。[①]

3. 智勇关题刻（图 2-2-7）

酉阳县文物保护单位。位于酉阳县五福乡赵家村 6 组，俗称卡子。东靠大山，西临小丘，北向湖北来凤县，南向酉阳五福乡，东西与山体相连，用条石砌筑而成的边界关口，全长 11 米，进深 4.7 米，通高 4.9 米；门呈拱形，高 3 米，宽 2.2 米，门额上方题有“智勇关”。关口布局保存完整，是酉阳县现存不多的古关口，也为研究当地的地方史和军事史提供了宝贵的实物资料。[②]

4. 冠军山题刻（图 2-2-8）

位于酉阳县大溪镇大溪村 1 组，刻于中华民国时期。冠军山题刻地处天山河与酉水河交汇处，分布于长 1.5 米、宽 0.7 米的石灰质岩壁上，阴刻楷书，字为 0.3 米 ×0.3 米，《冠军山序》分布于大码头上方长 1 米、宽 0.7 米的岩壁上，面临酉水河，侧面隔天山河与冠军山题刻相望，阴刻楷书，字为 0.03 米 ×0.03 米，共 160 多字，内容为国民革命军某部途经大溪，为了出师取胜，将原猪头山改名为冠军山。新中国成立后因为酉酬水电站库区蓄水，现已将题刻淹没于水下。[③]该石刻蕴含一定的历史人文信息，具有一定的研究价值。

①罗万明：《酉阳自治县不可移动文物总目》，第 17 页。
②罗万明：《酉阳自治县不可移动文物总目》，第 17 页。
③罗万明：《酉阳自治县不可移动文物总目》，第 241 页。

5. 第一关石刻

位于酉阳县龚滩镇新华社区，刻于明万历四十年（1612 年）。该石刻坐东朝西，正面临街，分布在约 2 平方米范围的蛋形岩石上，呈长方形，高 1.5 米，宽 0.8 米，字宽 0.4 米，字距 0.03 米，竖写，双线勾刻“第一关”3 个大字。落款为“万历癸丑吉旦李世奎”。该石刻保存完好，是研究龚滩古镇发展历史的重要实物资料，于 2002 年被酉阳县人民政府公布为县级文物保护单位。①

6. 龙洞堡石刻（图 2-2-9）

图 2-2-9

位于酉阳县龙潭镇黄土村7组，刻于清代，分布于洞额和洞内右壁约6平方米范围，呈长方形，2幅。1号龛为“龙洞”，“龙”字毁于1977年，“洞”字为阴刻，行书，龛高1.75米，宽1.5米，深0.15米；据《酉阳直隶州总志·天文志》记载：嘉庆年间分州黎永清书“龙洞”二字。2号龛刻有“有洞则灵”四字，阴刻楷书，龛长1.5米，宽0.4米，字宽0.11米，其落款为“光绪甲申”。洞中有石结构拱桥一座，长6.1米，高3.6米，宽2米。拱额上书“禹门”。该石刻对于研究酉阳地区石刻文化及社会历史具有较重要的参考价值，于1988年被酉阳县人民政府公布为县级文物保护单位。②

7. 江西义渡摩崖题刻（图 2-2-10）

位于酉阳县大溪镇大溪村 1 组，刻于清代。该题刻刻于大码头岩壁上，紧临酉水河，分布于长 1 米、宽 0.3 米的石灰质岩面上，阴刻楷书“江西义渡”四字，字为 0.2 米 ×0.2 米，字体较为清晰，现已淹没于水下。该题刻笔法遒劲，字体俊美，具有一定的艺术研究价值，于 2003 年被酉阳县人民政府公布为县级文物保护单位。③

①罗万明：《酉阳自治县不可移动文物总目》，第 250 页。
②罗万明：《酉阳自治县不可移动文物总目》，第 240 页。
③罗万明：《酉阳自治县不可移动文物总目》，第 239 页。

图 2-2-10

8.龙洞石刻（图 2-2-11）

位于酉阳县桃花源镇西山沟龙洞，刻于清代。该石刻分布在长10米、宽4米、距离地面6米的岩壁上，一共3幅，均为长方形。1号龛长2.5米，高0.7米，深0.035米，字宽0.35米，高0.45米，字距0.13米；2号龛长3.2米，高1米，深0.035米，字宽0.4米，高0.6米，字距0.26米；3号龛长3米，高0.8米，字宽0.3米，高0.35米，字距0.2米。1、3号龛阴刻楷书，上分别刻“山清水秀”“甘露灵之”。2号龛阴刻篆书，上刻“有龙则灵”。落款分别为“道光乙酉年（皖江徐桂元书）”“光绪年间”“咸丰庚申年”。该石刻蕴含了丰富的历史人文信息，具有较高的历史和艺术价值，于1988年被酉阳县人民政府公布为县级文物保护单位。①

图 2-2-11

9.二酉洞石刻（图 2-2-12）

位于酉阳县桃花源街道二酉洞，刻于清代。该石刻凿于洞壁上，分布于长500米、宽20米的范围。8号龛长3米，宽0.9米，深0.02米，字宽0.45米，高0.37米，字距为0.1米，阴刻“绿水青山”4个大字，落款为“道光己酉年皖江徐桂元书”；

①罗万明：《酉阳自治县不可移动文物总目》，第239页。

1～4号龛分别题刻“藏书洞”“卧云”“顶天立地，继往开来”“书藏二酉存文献，志复和善灭倭寇”，均为阴刻，楷书。该碑刻蕴含了丰富的历史文化信息，具有较高的研究价值，是酉阳县县级文物保护单位。①

图 2-2-12

10. 大酉洞石刻（图 2-2-13）

位于酉阳县桃花源镇大酉洞，刻于清代。该石刻凿于长200米、宽15米、高40米的洞壁上，距离地面6～10米，共计3幅，洞内从右至左编为1、2号，洞口左侧为3号龛。1号龛刻有“大酉洞天”四字，竖排篆体，2、3号龛分别刻有“太古藏书”“大酉洞”大字，横排，落款为“咸丰元年”。龛呈长方形，其中1号龛长2米，宽0.9米，深0.02米，字宽0.5米，均为阴刻。②该石刻为本地区著名的名胜古迹之一，蕴含丰富的历史人文信息，具有较高的研究价值，同时，其书法、石刻工艺又体现了较高的艺术水平，于1988年被酉阳县人民政府公布为县级文物保护单位。

图 2-2-13

①罗万明：《酉阳自治县不可移动文物总目》，第238页。
②罗万明：《酉阳自治县不可移动文物总目》，第238页。

第三章 秀山碑刻辑要

秀山土家族苗族自治县（以下简称秀山县）位于重庆市东南部，武陵山脉中段，四川盆地东南缘外侧，其东部与湖南省花垣、龙山、保靖县毗邻，东南部与贵州省松桃苗族自治县接壤，北部与重庆酉阳土家族苗族自治县相连，可谓渝东南之重要门户。

历史上，秀山人民创造了丰富灿烂的民族民间文化，如以传灯寺为代表的佛教文化，以土家族吊脚楼为代表的建筑文化，以沿河古镇洪安、石堤遗留下来的江河文明和码头文化，以平凯场等为代表的商业文化，以邑梅、石耶、平茶、地坝为代表的杨氏土司文化等，这些先辈遗留下来的历史精华默默见证着秀山人民的繁衍生息、顽强奋斗，也处处彰显着秀山人民的勤劳与智慧。但由于交通封闭，地区偏远，秀山土家族苗族自治县在1983年4月4日才成立，成立时间非常短暂，所以文化的开发和传播相对落后，很多传统文化只能以口口相传的形式流传下来，文字记载的时间不长，且数量有限，现在所能查阅到的以近现代文化居多，古代的偏少。就碑刻来说，由于时间的久远和岁月的打磨以及人为的损毁，很多已逐渐消失，也有少部分因为地方的偏远而尚未被发现，且未能独立参与第一次全国文物普查，但历经第二、三次大规模的全国文物普查后，秀山地区的碑刻得到了前所未有的发现与保护。

1985—1987年，秀山参与并积极开展了第二次全国文物普查，历时3年，登记在册的不可移动文物一共有313处，其中古墓碑174处，古建筑48处，石刻17处，其他74处。2008年，秀山参与了第三次全国文物普查，历时5年，包括发现已消失的108处和复查合并7处，全县登记入册的不可移动文物总量大大增加，达到468处，新增270处，其中新增古墓碑76处、古遗址20处、古建筑96处、石窟寺及石刻13处，其他65处。全县文物的数量、分布、特征、保存现状基本摸清。

石刻类目前共28处，包括两类，占不可移动文物总量的5.98%，主要分布在梅江、兰桥2个乡镇，清溪、石堤、海洋等10个乡镇有零星分布，其他如中平、雅江、平凯等10个乡镇也有相关记录。其中碑刻17处，占石刻总数的60.71%；摩崖石刻11处，占石刻总量的39.29%。石刻类最早统计年代为明代，共一处，占该类总数的3.57%；清代21处，占该类总数的75%；中华民国时期6处，占该类总数的21.43%。碑刻中，最有代表性的如清代的山脚岩村规民约碑、保安万古如斯纪事碑、巴家护林碑、伍家堰永垂不朽碑、石堤摩崖石刻、来仪石刻等。这些珍贵的文物极大深化了秀山文物古迹的内涵，为文物工作者深入开展文物保护工作奠定了基础，也为我们研究秀山乃至渝东南地区民族历史及文化提供了重要依据和素材。

无论是石刻还是碑文，从形式上来看都只是文字的记录，从内容上看却蕴含了一个地区、一个领域、一个民族绵长的历史和文化内涵。这些形态各异、内容丰富、特色鲜明的古墓葬让我们追溯到千年前边远民族的印记，寻觅到古代的风俗习惯；土王庙遗址和土王墓让我们有机会了解百年土司家族的兴衰存亡；朴实严明的村规民约碑让我们感受到大山中朴实无华的民风民俗。历史的长河永不停息，我们努力在这些先辈留下的不可移动的文物中追寻人类的智慧和走过的痕迹，以期能对现代以及后世的人们有一些启迪。纵观秀山碑刻，将其特点概括如下：

（1）碑刻内容丰富多样。有墓碑、宗教民俗碑、路桥指示碑、政策族训碑、文人书法碑、语录碑等多种碑刻形式。在内容方面，这些碑刻从不同的角度记录了秀山的历史变迁，涵盖广泛，内容充实。

（2）民族特色浓郁。秀山碑刻具有浓郁的民族特色，体现出民族融合的文化特点。如保存较好的土王墓碑对土家族特色的描述就突显出土家族人和睦相处的氛围。

（3）文献价值较高。作为秀山地区不可移动文物，碑刻是秀山历史的见证者与记录者。解读秀山历史文化，碑刻是一种珍贵而翔实的文物资料。如朴实无华的村规民约碑，不仅让人领略到秀山人民的淳朴、踏实，更为秀山民风民俗、乡规制度的研究提供了宝贵资料。

第一节 碑刻

一、墓碑

图 3-1-1

图 3-1-2

1.孙家堡康葆元墓之神道碑（图3-1-1）

“神道”即墓道，故神道碑就是立在墓道之前的石碑，上面记载死者生前事迹。欧阳修《集古录跋尾》记述汉杨震碑首为：“故太尉杨公神道碑铭”，可见神道碑之名，汉已有之。早期的神道碑主要记录帝王大臣生前的活动，碑文较简单，一般只称“某帝或某官神道之碑”，后来纪事渐趋详细，成为人物传记的一种变体，并大多收入作者的文集。

孙家堡康葆元墓位于秀山县石堤镇高桥村徐家坪组，是当地康姓家族祖坟之一，石围土冢墓，坐北朝南，占地面积20平方米。墓前2米有神道碑一座，高4.2米，宽1.7米，厚0.25米。碑正中阴刻楷书“王考康公（号）葆元府君之墓”，[①]四周有卷草、竹节雕饰，当地人称为“高碑”，属于清代墓碑，是研究康姓家族移居、繁衍的珍贵资料。

2.乌杨王达琮墓墓碑（图3-1-2）

王达琮，字屏山，秀山梅江人，是秀山历史上的名人，生于清嘉庆甲子年（1804年），卒于同治丙寅年（1866年），道光二十一年（1841年）进士，由礼部主事转员外郎，迁任郎中，任官17年后隐退。[②]同时，王达琮也是有名的诗人、书法家。其墓位于乌杨居委会乌杨树组，圆形土冢墓，坐西北朝东南，占地面积20平方米，墓碑高2.6米，宽1.06米，厚0.14米，正中竖排阴刻“诰授资政大夫显考王公讳达琮号屏山老大人之墓”，旁边文字简介墓主生卒时间及立碑子孙的名字，落款为“光绪戊子六月上浣尽先州判小门生敖居敬书石”，颜体。此碑朴实无华，是研究秀山清代名人的实证资料。

①重庆市秀山土家族苗族自治县文物管理所：《秀山自治县第三次全国文物普查成果专辑》，第86页。
②重庆市秀山土家族苗族自治县文物管理所：《秀山自治县第三次全国文物普查成果专辑》，第86页。

3.清溪苗王墓墓碑

位于秀山县城西清溪场镇东林居委会大坟堡组。该墓封土呈圆形，高10米，周长88米，墓前石质碑高1.3米，宽0.7米，厚0.15米，上书“苗王墓”3个大字，共占地380平方米。[①]

相传明朝万历年间，秀山土司“赶苗拓业”，镇压当地苗族人民，夺取他们的财产与土地，苗族人民首领吴老（géi,苗语音译）率领大量苗族百姓起义反抗。他英勇善战，身先士卒，但在一次战争中不幸身亡。为了纪念这位英雄，苗族人民把他安葬于此，每人捧一捧黄土砌成，年复一年遂成大墓，原无碑记。1984年被列为县级保护文物，1986年政府在墓前立碑，是研究秀山历史，特别是“赶苗拓业”这一历史事件的重要实物。

4.杉树湾蒋光友夫妻合葬墓墓碑（图3-1-3～图3-1-5）

位于秀山县海洋乡芭茅村水车溪组杉树湾。整座墓宽4.4米，高1.15米，墓碑为四柱三开间，仿木单檐歇山式顶。此碑极富特色，碑上没有墓主人的姓名及其他碑文，而是雕刻了许多非常精美的浮雕，正面高大的碑面浮雕分为上、中、下3组，上面一组分为上下两排，共雕刻9人，上5下4，皆为骑着骏马的士兵，朝着东方行进，神态悠然，表情各异，骏马健硕，鬃毛清晰可见。

图 3-1-3

图 3-1-4

中间一组分为上下两排，上排共7人，面朝东方，形成一支队伍。前面6人分为3组，每组2人，一个坐在简易手推车里，另一个在后面用力向前推。推车人的装扮相同，都是战士形象，坐车人的身份却不一样，最前面的是一位峨冠博带的官员，

①重庆市秀山土家族苗族自治县文物管理所：《秀山自治县第三次全国文物普查成果专辑》，第82页。

图 3-1-5

颇有威风，第二位是一位高举旗帜的军官，第三位则是扛着一面旗帜的似乎受伤的士兵，队伍的最后是一位武士骑着高头大马，扛着旗帜押送。下排共4人，是一位垂须老将手扬大刀迎战3位骑兵的场景，老将精神矍铄，面部表情严肃，显现出宝刀未老的气魄。

下组画面最为复杂细致，分为4排。第一、二排共8人，主要是反映布衣百姓的日常生活，如骑马、狩猎、担水等，马鞍清晰可见，担水者旁边的小狗跃跃欲动。第三排共4人，一位头戴官帽、胡须冉冉的文官正襟危坐于正中，左边是两名武士肃立，右边是一位弓箭手手持弯弓护卫，俨然升堂办公的情景。第四排共5人，3位戴着纶巾、怀抱古琴的乐师手势完全一致，似乎正在演奏，第一位和第三位却是武士装束，前者执长矛，后者肩扛战斧。各个人物表情严肃，似乎正在准备一场恶战。

3组石雕之间用以隔离的突出石栏上也布满了形态各异的人物，以普通百姓为主，或站立或弯腰，或微笑或凝重。所有的雕刻人物动作都不一样，但都栩栩如生，呼之欲出。另外两侧的碑柱上同样有许多虫鱼鸟兽的雕刻，一对抱柱石鼓上分别刻有镂空石狮一对。整座碑上有人物71尊，马18匹，凤3只，龙2条，喜鹊7只，鹿1只，麒麟1对，狮2只。[①]碑柱上有对联两副，其内容为“龙盘吉地前人福德垂千古，凤穴开山后代子孙兴万年”“婆山雅秀千秋月，带水流幽数载春”。

该墓保存完整，雕刻精细，独具特色，是研究清代雕刻艺术的重要实物资料。

5.张胜凤夫妻合葬墓墓碑（图3-1-6、图3-1-7）

位于秀山县海洋乡岩院村跃进组大王坡半山腰一处较平坦的地方，小地名生基坟，源于此墓是主人在自己死之前就已建好。墓碑石柱上有对联一副“鸥化何时华表计程千岁至，牛眠此处佳城待筑百岁归”即是最好的证明。该墓属于石围土冢墓，坐东南朝西北，宽3.65米，进深4.7米，高1.5米，石墙高1.1米，占地40平方米，[②]前有六柱五开间墓碑一座，仿木单檐歇山式顶，高4.5米，宽3.65米，碑上有

①重庆市秀山土家族苗族自治县文物管理所：《秀山自治县第三次全国文物普查成果专辑》，第83页。
②重庆市秀山土家族苗族自治县文物管理所：《秀山自治县第三次全国文物普查成果专辑》，第83页。

精美浮雕13幅，分布于各个用以分隔成形的石栏之上，各幅浮雕描绘了不同的场景和画面，正中间碑面上的人物居多，侧碑的人物数量偏少。

以正面碑刻为例，分为上、中、下3组，上面一组雕刻了7个人物，百姓装扮，姿态各异，似在欢庆节日，休闲而热闹；中、下两组尤为清晰。中间一组刻画的是4位即将奔赴沙场的武士，前面2位右手扛着长长的矛，左手紧握圆形的盾；后面2位则右手举着战斧，左手举着铁锤，面部丰满，充满战斗的激情。士兵们装束一致，上衣的布质对襟扣明晰可见，下裙轮廓褶皱明显，战靴短小厚实。下面的一组雕刻了13个人物，上排4人下排9人。其中上面一排刻画的是西游记的故事，师徒4人正跋涉在西天取经的路上，天边祥云朵朵，走在最前面的是沙僧，手执禅杖，身背包袱，后面是孙行者，左手拿着金箍棒，右手搔首弄耳，再后面是猪八戒，腆着大圆肚，耷拉着扇风耳，不过手里拿的不是钉齿耙而是偃月刀，最后面的就是唐玄奘了，身着袈裟，头戴僧帽，端坐在白龙马上，神情安详。下排雕的是众人享乐、歌舞升平的景象，9个人物中一人悠然坐在中间，两侧各有4人簇拥，这8人有的吹箫，有的弹琴，还有的跳着舞、甩着水袖，一派热闹喜庆的气氛。

图 3-1-6

图 3-1-7

整体统计，墓碑上共刻有人物44尊，马21匹，龙2条，凤2只，均涂成了赤褐色，墓碑两旁抱柱上各有一只神态逼真的石狮子，左右俩小狮微侧对视，前爪撑地，狮头微昂，大眼半睁，耳朵张开，大嘴略闭，表情温顺。

此墓主人张胜凤与其妻张陈氏分别卒于壬申年、丙申年。[①]整座碑异常高大，飞檐翘角，奢华精美，颇有大家气势，体现了清朝中后期生基坟在少数民族地区逐渐流行的状况，是研究生基坟的石雕艺术的重要资料。

①重庆市秀山土家族苗族自治县文物管理所：《秀山自治县第三次全国文物普查成果专辑》，第83页。

图 3-1-8

6.溪口严思和墓墓碑（图3-1-8）

严思和（1919—1959年），秀山县著名的民间艺术家，是享誉神州的秀山民歌《黄杨扁担》的首唱者，生前为秀山的民族文化做出了很大的贡献，后因病英年早逝。其墓位于溪口镇白粉墙村12场组，圆形土冢墓，坐南朝北，占地面积达50平方米，墓长4.6米，高1.8米，进深8米；墓碑高1.5米，宽0.6米，厚0.07米，两侧的石质撑鼓宽0.4米，高0.88米，厚0.09米，整座墓碑宽4米，正面竖排阴刻楷书“民间艺术家严思和之墓”10个大字，[①]右边竖刻简介墓主的生卒年月及后辈子孙，左边竖刻“秀山土家族苗族自治县文化广电新闻出版局　二〇〇九年六月立”。

该碑建立的时间较短，具有较浓郁的现代气息，尤其是正面碑文中“民间艺术”四字的右侧雕刻了一对青年男女表演秀山花灯的图案，男左女右，动感十足，颇有气韵。碑座两侧的撑鼓上也刻着富有艺术气息的人物和图案。右边撑鼓上方有一条栩栩如生的飞龙；下方有一对身着民族服装的男女，女左男右，女孩右手执扇，回眸对望身边半蹲的男孩，二人脉脉相对，似对唱，似传情，充满了生命的活力和生活的气息。左边撑鼓上方同样有一条飞龙，与右边的龙相映成趣，形成二龙护主的局面；下方是一位头戴草帽、身穿苗服的老人半身像，似有墓主神韵。

该墓碑对研究秀山民族文化及“秀山花灯”这一民间传统艺术有重要意义，于2011年6月被列为县级文物保护单位。

图 3-1-9

二、路桥指示碑

1.永丰堰渡槽纪事碑（图3-1-9）

渡槽，也叫过水桥，两端与渠道相接，是输送渠道水流，跨越河渠、溪谷、洼地和道路的架

①重庆市秀山土家族苗族自治县文物管理所：《秀山自治县第三次全国文物普查成果专辑》，第127页。

空水槽，一般用于灌溉输水，也用于排洪、排沙等。永丰堰渡槽位于乌杨街道凉亭村永丰组，建于清嘉庆二十五年（1820年）。据清光绪版《秀山县志》记载，该渡槽由邑人安洪芳、吴文儒、张仕绩等人领头集资修建，是秀山县最早的水利工程之一，在灌溉农田，疏浚排洪，防灾防旱等方面起到了重要作用，至今仍然在使用。

渡槽纪事碑嵌于西北桥头的桥孔石壁，碑题“永丰堰碑记”5个字明朗清晰，其下内容详细叙述了渡槽修建和后来维修的过程，从右至左竖刻，共21列，阴刻楷体，是研究秀山清代水利设施和农业生产的实物资料。

图 3-1-10

2.任家坡高桥纪事碑（图3-1-10）

位于龙池镇河口村任家坡组高桥东北侧。任家坡高桥建于清宣统元年（1909年），不久即被水冲毁，但立桥的纪事碑现保存完好。碑为青石材质，坐东北朝西南，通高1.41米，宽0.7米，厚0.15米，上刻高桥修建时间及捐款人姓名，阴刻楷体。碑文文字因为风化已模糊，但落款处的字迹清晰可见，为“大清宣统元年二月　吉立”。此碑是研究清朝末期当地生产、生活、民风民俗的重要实物资料。

图 3-1-11

3.寄岩古道修路碑（图3-1-11）

寄岩古道是秀茶古道的一段。据《秀山交通志》记载：秀茶古道修建于清嘉庆七年（1802年），由名叫向百福的从二品副将出资修建。寄岩古道现位于中平乡八排村营盘组寄岩码头，呈东西走向，现存驿道长约2千米，西起于寄岩码头，东止于雅江镇兰草。古驿道依山而建，条石铺就，蜿蜒曲折，盘旋而上，宽1.4米，每条石级高0.16米，宽0.3米。这是秀山县境内保留最完整的古驿道之一，至今在当地仍然发挥着交通作用。

古道旁立一纪事碑，青石材质，记下了修路时的状况和出资人的姓名及捐资数目，碑题“修路碑记”清晰可见，阳刻楷体。它见证着古代商贸往来的历史，也见证着古代交通的发展与变迁。

三、旌表碑

1. 颜家巷商号碑（图 3-1-12）

位于清溪场镇三合村喻家园组颜家巷三合小学右前角，坐东朝西，宽0.85米，高0.36米，厚0.10米，青石质，距地面0.44米，嵌于三合小学右前基脚。碑立于清嘉庆十八年（1813年）五月二十日。上面刻兴修三合场时的21个商号名称，从右到左竖排书写，石质未受风化，字迹清楚。21家商号由上到下分两行排刻，比如“三合号”“义洪号”“长顺号”“森林号”“永泽号”“有恒号”“恒顺号”“同兴号”“义利号”等，最后还统计了21家商号为兴修三合场捐助的酒、粮及钱数，详尽细致，已具备了功德碑的意义。[①]

图 3-1-12

2. 万寿宫黄耀宗功德碑（图 3-1-13）

高1.74米，宽0.91米，厚0.11米，青石质，正中竖排楷书“万寿宫总理　请示开场事、诰封宣德郎黄公耀宗老大人功德碑”，落款为“光绪二十四年仲秋月上浣丁亥吉日特授大学士黄正春立”。

图 3-1-13

①重庆市秀山土家族苗族自治县文物管理所：《秀山自治县第三次全国文物普查成果专辑》，第 92 页。

3. 彭国屏德政碑（图 3-1-14）

建于中华民国七年（1918年），是为了纪念时任县长彭国屏带领市民抗击土匪李善波攻城有功之事而立，位于中和街道解放社区居委会珠宝居民组团结巷。碑体坐西向东，高3.1米，宽1.17米，厚0.17米；碑座长1.3米，宽0.68米，高0.47米。碑面竖刻3列共36个字，阴刻柳体楷书，字刚劲有力，右边刻着“县长彭国屏老先生德政碑”，正中间“安民则惠”4个大字特别醒目，左边落款为“民国七年岁次戊午年九月上浣春绅商士民公颂”20个字，每个小字字宽均为0.1米。2011年6月，秀山县人民政府公布其为县级文物保护单位。

图 3-1-14

4. 梅江贺龙德政碑（图 3-1-15）

革命前辈贺龙率领部下驻扎在秀山梅江（当时称为邑梅）一带时，其军队军纪严明、除恶扬善、修筑桥路、救济灾民，当地百姓非常拥戴，特立此碑以表达感恩戴德之心。

图 3-1-15

该碑位于梅江镇梅江桥下游100米梅江河右岸，坐北朝南，青石材质，通高2.4米，宽1米，厚0.15米，其中碑板高1.8米，碑座长1.3米，宽0.64米，高0.36米。正面碑文均为阴刻颜体，正中竖排四字“威震南夷”，字宽0.08米；右边竖排“恭颂 贺公云龙大人 德政”10个字，左边落款为“秀山县邑梅里绅商士民 敬立 中华民国十四年冬”20个字，字宽0.06米；碑的背面有竖排阴刻楷书碑文，其内容主要是讲述该碑复修过程，字宽0.06米。

该碑碑文由秀山县书法名家伍升猷书，笔力遒劲。原碑毁于“文革”时期，1987年，秀山县人民政府在原地采用原材质仿照原碑重新树立。2011年6月，该碑被列为县级文物保护单位。

图 3-1-16

5. 秀山革命烈士纪念碑（图3-1-16）

坐落在秀山烈士陵园之中，位于官庄镇乜敖居委会乜敖居民组，修建于1954年，后又经过4次整改扩建。碑高24.1米，底座边长4.1米，正面楷书7个镏金大字“革命烈士纪念碑”。碑内为陈列室，安放烈士骨灰373个。碑体下有6座红军墓以及169平方米的展厅和陈列室，室内安放的烈士有在秀山剿匪中牺牲的罗秋田、宋建刚、栾金刚、陈光祥等，有1963年7月8日在秀山北门桥抢险中牺牲的驻秀7822部队班长万义洲，1976年在中越自卫反击战中牺牲的谢天华、黄中军等13人，以及在社会主义建设中牺牲的烈士们。[①]该碑以及所在的陵园是秀山县革命传统教育的基地，2011年6月被列为县级文物保护单位。

6. 红军洞纪事碑（图 3-1-17、图 3-1-18）

红军洞本是一自然洞穴，位于雅江镇江西村车田组。1934年11月26日，中国工农红军黔东革命根据地特委书记兼黔东独立师政委段苏权受伤，得到本地居民李木富的帮助，将其背至该处养伤。李木富夫妇冒着生命危险每日为段苏权求医送药，精心养护，乡邻苏士华等人也热心给予多方援助，历时一个多月，段苏权终于伤愈回归前线作战。[②]1984年，段苏权同志重返故地，找到了当年的救命恩人，秀山县人民政府特将此洞命名为“红军洞”，1985年树立红军洞碑予以纪念。

红军洞石碑置于洞口上方，草书阴刻，碑高0.56米，宽1.1米，厚0.28米，洞口左侧树立石质纪事碑一块，高1.1米，宽0.7米，厚0.07米，落款为“秀山土家族苗族自治县人民政府　一九八五年七月　立”，其内容为记述当年李木富及乡邻救助红军段苏权的故事，体现了军民互助、团结抗敌的革命精神。

此碑是后人缅怀革命前辈、进行革命传统教育的重要素材，也是军民鱼水情的见证。1987年，秀山县人民政府将其列为县级文物保护单位。

①重庆市秀山土家族苗族自治县文物管理所：《秀山自治县第三次全国文物普查成果专辑》，第131页。
②重庆市秀山土家族苗族自治县文物管理所：《秀山自治县第三次全国文物普查成果专辑》，第131页。

图 3-1-17

图 3-1-18

7.抗日阵亡将士纪念碑(图3-1-19)

建于1940年。为纪念在抗日战争中牺牲的将士们，时任秀山县县长凌承鉴亲自题写碑文。碑体通高3米，宽0.37米，厚0.37米，长方体，碑上竖刻楷体“抗日阵亡将士纪念碑”，“碑”字、碑座已毁。[1]该碑原来立于城南中山纪念堂侧，1992年移迁至凤翔公园之内，2001年凤翔公园改为花灯广场后又移至县城西高中城北大道旁边，暂未选址竖立。它对于研究全国抗日战争历史有着重要的意义，2011年6月被列为县级文物保护单位。

图 3-1-19

①重庆市秀山土家族苗族自治县文物管理所：《秀山自治县第三次全国文物普查成果专辑》，第132页。

图 3-1-20

8. 红三军战斗遗址纪念碑（图 3-1-20）

1934年8月，为了巩固黔东特区，开拓川黔边革命根据地，贺龙同志决定向秀山西南部进军，8月30日红三军主力700多人由贵州松桃县的火烧桥出发，并分两路直奔倒马坎，一举攻破秀山西路团防头子杨卓之所谓的“万里长城”（以倒马坎为中心，东至马尿洞，西至革蛇，长约20千米）。这次战斗大获全胜，歼灭敌人74人，缴枪100多支，是黔东革命根据地著名的战斗之一。①

1984年，秀山县政府在倒马坎战斗遗址即隘口镇坝芒村长五间组竖立纪念碑一座，坐南朝北，占地面积250平方米，建筑面积31平方米。碑座长2.5米，宽2米，通高17.4米，碑顶为带刺枪的展开的红旗。碑正面刻有原红九师政委、全国人民代表大会常务委员会副委员长廖汉生题写的碑文“中国工农红军第三军倒马坎战斗纪念碑”。该碑对研究秀山县的土地革命斗争史和革命传统教育有着重要意义，1977年被批准为县级文物保护单位。

9. 红三军司令部旧址碑记（图 3-1-21）

1934年10月，贺龙率红三军为寻找红六军团，来到秀山隘口镇百岁村彭家寨组，曾经以此为临时司令部，贺龙同志住在正堂屋，红军在这里书写革命标语，宣传共产党和红军的政策。

图 3-1-21

1977年，秀山县革命委员会为了纪念贺龙同志在此驻扎一事特竖立一块标志碑，同时也是保护标志，碑文正面阴刻“红三军司令部，贺龙同志 驻地地址”，右下方落款为“一九三四年十月五日（农历八月二十七日）秀山县革命委员会一九七七年七月 立”。②

①重庆市秀山土家族苗族自治县文物管理所：《秀山自治县第三次全国文物普查成果专辑》，第132页。
②重庆市秀山土家族苗族自治县文物管理所：《秀山自治县第三次全国文物普查成果专辑》，第137页。

红三军司令部旧址是秀山县革命传统教育基地之一，对研究党史、军史有重要意义，1977年被批准为县级文物保护单位。

四、政策族训碑

1.巴家护林碑（图3-1-22）

护林碑在民间尤其是山区并不鲜见，其实质类似于村规民约，目的在于对山林坡地的长期保护。武陵山区山林茂盛，土地贫瘠，为了保护山林不被乱砍滥伐，防止水土流失，地方政府就立下此碑，以警示村民，世代训诫，甚至希望能把保护山林和植被的习俗千秋万代传承下去。可以说，这是一种原始本真的可持续发展科学理念的体现，和我们现代社会的科学发展观有异曲同工之妙。

图 3-1-22

巴家护林碑是秀山一带少见的古代护林碑，位于巴家乡双河村巴家组，现存于巴家乡正街江益发家门口。碑坐东南朝西北，通高2.4米，宽0.85米，厚0.13米，石质，立于清光绪十八年（1892年）。碑的左上方有一块曾经被损毁，刚好把“朽”字的上半部毁掉，后被补上但痕迹比较明显。碑上从右至左横排阳刻“亘古不朽”，竖书“右谕通知”，上有关于禁止乱砍滥伐、乱捡桐茶的叙述，刻有“钦加同知衔特授四川酉阳直隶州秀山县正堂加五级做记录十次”，碑体边缘雕刻有规则花纹作为装饰。

从碑文可以看出，“亘古不朽”4个字刚劲有力，尤为醒目，体现了当地政府和人民保护森林和植被的思想和决心，也表达了一百多年前的秀山人民强烈的环境保护意识及世代相传的期望。碑文中具体可行的规定和条约为研究秀山地区的林业、村规民约提供了实物依据。

2.山脚岩村规民约碑（图3-1-23）

作为传统文化的一部分，村规民约的历史源远流长，它是一种基于地缘关系，因异姓杂居而逐渐形成的相互约束的道德要求与规范，在乡村比较普遍，把这些介于法律与道德之间的条文形成碑刻而立于世的却是罕见。山脚岩村规民约碑的发现在秀山尚属首次，为后世研究清代农村的民俗民风、邻里关系、道德观念等提供了重要依据。

该碑位于中和街道山脚居委会店子居民组村民张宗林家房屋的左角，倒置未竖立，青石材质。碑高1.67米，宽0.92米，厚0.11米，碑的正上方横排阳刻“正堂示”3个大字，碑文清晰，从右到左竖书17列320字，其内容主要涉及当地村民不得窝藏歹人、散捡粮食，寒露后方可捡桐茶，不得乱砍竹笋、砍伐树木、酗酒滋事、聚众赌博、敞放牛羊8个方面的条目，落款为“道光十五年八月吉日勒石三脚岩禁止晓谕”。

3.伍家堰永垂不朽碑（图3-1-24）

高0.8米，宽0.67米，厚0.10米，石质，长方形。碑上横书楷体“永垂不朽”4个大字，正文从右至左阴刻文字235个，第一列“特授四川邑梅营守府陞用都提”尤为明显，碑刻落款为“宣统元年闰二月吉日立”。碑文内容主要是清代提督为了政通

图 3-1-23

图 3-1-24

人和，提出一些有关村民祭祀时的训诫，比如须正衣冠、不得执戈矛等，相当于一尊保护碑。[①]其题头“永垂不朽”4个大字既表达了地方官员希望百姓安居乐业、平安顺利的美好心愿，也表达了老百姓对民风民俗的严格遵守和世代传承的淳朴愿望。

4. 石耶杨氏宗祠纪事碑（图 3-1-25）

图 3-1-25

位于石耶镇西大居委会石耶粮站内西北角。杨氏是秀山土家族十大土著大姓之一，早在元初就曾经和其他土家族姓氏联合起来，率领包括川、湘、黔边区在内的九溪十八洞土家族、苗族大起义，虽然最终起义失败，但昭示了土家族、苗族人民不畏强权、勇于反抗的精神。杨氏在石耶、石堤、清溪等地方影响甚广，平茶首任长官司杨光彬早在南宋时期就建立了土司衙署，故在不少乡镇都有杨氏宗祠。石耶的杨氏宗祠还留下了纪事碑，碑首从右至左横排阴刻“踵事增华”尤为瞩目。

南朝的萧统《〈文选〉序》：“盖踵其事而增华，变其本而加厉，物既有之，文亦宜然。”“踵事增华”的本义是追随前人的事业，争取更加有成就。杨氏宗祠的祖先赫赫有名，后辈立碑时明显表达出能继续光宗耀祖的愿望。

该碑为石质，高1.82米，宽0.82米，厚0.12米。文字从右至左竖刻宗祠的修缮过程，详细记录了各项支出及各位族人的捐资状况，字迹清晰。

五、宗教民俗碑

1.宋农土王庙纪事碑（图3-1-26）

位于宋农镇龙凤居委会土王庙居民组的土王庙内。土王庙始建于南宋绍兴八年（1138年），扩建于明洪武四年（1371年），距今已有800多年历史，原为复合四合院布局，占地面积达2065平方米，1974年被毁，现存正殿和围墙，庙前有一块长17.8米、宽28.5米的摆手祭祖坝子。

①重庆市秀山土家族苗族自治县文物管理所：《秀山自治县第三次全国文物普查成果专辑》，第121页。

图 3-1-26

图 3-1-27

该庙是武陵山区极少见的“祠庙合一”建筑，1987年8月秀山县人民政府将其列为县级文物保护单位。其内的纪事碑是研究土家族政治、民俗、摆手舞艺术的重要实物之一。20世纪90年代秀山政府重竖石碑，题“土王简介”，碑文阴刻小楷，全文如下：

土王公田氏，名汝弼，字玉才，宋少师恩国公田佑恭之子，原籍陕西兰田县。公生于宋正（政）和六年丙申三月十一日，卒于嘉定三年三月吉日，享年九十有四，葬于杭州西山之阳。

公少聪颖好学，克（刻）苦用功，及长，德才兼备文武俱全，通韬略精武艺。宋高宗八年授思州宣慰使，时有金头和尚者聚众造反，声势之大朝野震惊，是时金虏侵江守将难腾，朝廷悬榜募民平寇，公毅然揭榜入朝躬奏，龙心大悦，授赤心报国大元帅，率张杨安邵何冉谢李覃十员将领刻日征剿，旗开则胜，躬斩贼首余寇于酉水流域，全歼缴械凯旋回师，荣膺驸马“衍国公主”，授武功大夫，知靖州军民事。

公在任数十年，仁服德化公正严明，异端归心，物阜安宁，及卒也天日昏暗连日不明，上感其功高德厚敕封“明天镇国威灵显应赫帝土主护国大王”，钦赐天子仪仗，立庙以飨，万民共祭，后公之威灵历显，仕庶钦嘉，明洪武四年加封“天下义勇镇国土王”。略述其概以介事由。

一九九六年岁次丙子年古历三月复制

从以上碑文，我们不仅可以了解到古代田氏土王的身世，更能感受到一代土王豪杰的丰功伟绩和他亲民勤政的经历，他的仁服德化、公正严明不失为现代为官者的一面镜子。

2.保安万古如斯纪事碑（图3-1-27）

高1.25米，宽0.72米，厚0.12米，从右至左横刻“万古如斯”四字，正文从右至左竖刻12列字，内容为建庵堂的作用及经过。落款为“光绪三十四年”。

3.吏目万寿宫纪事碑（图3-1-28）

万寿宫，江西会所的别称，具有源远流长的历史，是古代文人尤其是南方文人们聚会、祈福的文化会所，遍布全国各地1300多所，其建筑都具备了道教风格，且地理位置优越，吏目万寿宫也是其中之一，位于梅江镇吏目村场口上组。碑文中“前人之美，永垂不朽”8个字即道出了立此碑的意义。

碑额从左至右阴刻“万古不朽”4个大字，碑文竖刻15列寸楷。碑宽0.78米，高1.42米，厚0.08米。落款为“咸丰元年五月中浣日合省众等公 立”。碑刻的主要内容分别为乾隆三十年（1765年）、嘉庆十八年（1813年）、嘉庆二十年（1815年）等历次修建万寿宫、购置“福田”及建庙经过。

图 3-1-28

4.吏目禹王宫纪事碑群[①]（图3-1-29）

禹王宫别称禹王庙、涂山祠，在全国不少地方都有建修，尤其是在有较大河流的地方，是为纪念大禹治水的千秋之功，也包含了人们祈盼大禹保护水域的集体意识。

吏目禹王宫坐落在梅江镇吏目村场口上组，屹立在梅江河岸边，外墙镶嵌了罕见的成片碑群，共计9块，分别为：（1）“日月”碑，宽0.65米，高0.35米，嘉庆五年（1800年）；（2）“永垂不朽”碑，宽0.49米，高0.88米，道光二十九年（1849年）；（3）“碑记”碑，宽0.53米，高0.89米，嘉庆十年（1805年）；（4）“新当典记”碑，宽0.63米，高1.32米，道光二年（1822年）；（5）“万古

图 3-1-29

①重庆市秀山土家族苗族自治县文物管理所：《秀山自治县第三次全国文物普查成果专辑》，第126页。

成规”碑，宽0.63米，高1.37米，道光二年；（6）“辰府碑记”碑，宽0.63米，高1.28米，道光二年；（7）“衡府碑记”碑，宽0.63米，高1.36米，嘉庆十一年（1806年）；（8）“辰会新规”碑，宽0.74米，高1.45米，嘉庆元年（1796年）；（9）“沅会干新”碑，宽0.72米，高1.29米，嘉庆七年（1802年）。

这些碑刻原立于禹王宫前。碑刻内容分别为修建禹王宫时捐赠钱物，立据约规等，为研究渝东南地区的寺庙文化提供了一定依据，也为研究全国各地的禹王宫特征提供了实物参考。

5.镇南关军事遗址及纪事碑（图3-1-30）

位于膏田镇水车村茅坪组蔡家卡门的绝壁之上，坐北朝南，依山而建，关前是一条1500米长的黑溪沟峡谷，从谷底拾级而上至关口一共168级，通向关口的是一条陡峭羊肠小道。该关为城墙式石结构建筑，青方条石浆砌而成，通高4.6米，顶宽5米，墙厚2.64米，关门从整体上呈拱形，高3.65米，宽2.16米，门楣上“镇南关”3个大字，横排颜体，阴刻，笔力刚健，每个字宽0.4米。

图 3-1-30

关门右侧原有两块纪事碑竖立，现存一块，碑文因风化严重而不易辨认，但落款处能看到“大清同治元年孟冬谷里”“阖里士民公立”“召工 杨昌建”的文字。据《秀山县志》载，镇南关是当时清政府为防苗、御敌而建，强迫当地百姓集资投力，历时两年建成，纪事碑内容应是记录当时筑关的状况和捐款人姓名及数目。该遗址及纪事碑是研究秀山少数民族和政府之间矛盾与战争的重要实物资料，2001年被政府公布为县级文物保护单位。

图 3-1-31

六、语录碑

1. 宋农毛主席语录碑(图 3-1-31)

位于宋农镇乡场龙石公路旁的北边，坐东北朝西南，1969年立，由碑座和碑体两个部分组成。碑体呈长方形，垂直放在一块高约0.4米的碑座上,通高2.87米,宽1.12米,厚0.17米,字宽0.12米。语录碑的正反两面都阴刻了“毛主席语录”，碑正面刻着：“人民群众有无限的创造力，他们可以组织起来，向一切可以发挥自己力量的地方和部门进军；向生产的深度和广度进军，替自己创造日益增多的福利事业”。落款为“《多余劳动找到了出路》一文的按语（一九五五年）”。碑背面的内容为“领导我们事业的核心力量是中国共产党。指导我们思想的理论基础是马克思列宁主义”，落款为“中华人民共和国第一届全国人民代表大会第一次会议开幕词 一九五四年九月十五日”，碑文字迹工整，保存完好，通碑材质为青石，石材较好，至今尚未风化。毛主席语录碑具有鲜明的时代特色和特殊的历史地位，是见证“文革”这一特定历史时期的特定产物，是研究秀山“文革”史的实物资料。

图 3-1-32

图 3-1-33

2. 中平毛主席语录碑（图 3-1-32、图 3-1-33）

位于中平乡中坪村粮站门口，坐西北向东南，1969年立，由碑座和正碑两个部分组成。正碑呈长方形，垂直放在一块高约1. 11米的碑座上，碑通高1. 93米，宽1. 3米，厚0. 21米，字宽0. 12米。语录碑的正反两面都竖排阴刻了“毛主席语录”，正碑正面均横排刻着“团结起来，共同对敌”，碑背面的内容为“要拥军爱民”，碑文为楷体，保存完好，通碑材质为青石，石材较好，至今尚未风化。毛主席语录碑具有鲜明的时代特色和特殊的历史地位，是中国社会、经济发展特定阶段的产物，是见证“文革”这一特定历史时期的特定产物，具有较高的历史价值。

图 3-1-34

3. 洪安语录塔（图 3-1-34）

建于1966年，即“文革”开始的那一年，位于洪安镇边城居委会洪安码头红茶渡口西头。塔身坐西向东，呈六边形建筑，底色为大红色，占地面积33.8平方米，通高11.77米，南北长6.9米，东西宽4.9米，地基为长方形，其中碑座为四级台阶，高0.87米，塔身高9.7米，顶1.2米，塔顶端和正下方分别有五角星一颗，上方六面分别嵌有毛主席像一张，塔身六面和塔柱上刻有很多毛主席语录，黄色楷体，如人们熟知的“伟大的中国共产党万岁”“伟大的领袖，伟大的导师，伟大的统帅，伟大的舵手”“伟大的领袖毛主席万岁”等，充满了“文革”的气息。

此碑是“文革”的产物，反映了“文革”时期的一些状况，是一段历史的见证，具有一定的文化价值和史料价值，2011年6月被列为县级文物保护单位。

第二节 石刻

一、摩崖石刻

1. 石堤摩崖石刻（图 3-2-1）

图 3-2-1

位于石堤镇居委会上码头居民组的梅江河西北岸陡峭的岩石上，距水面5米，坐西北朝东南，为斗方布局，横长0.82米，竖宽0.9米。从右至左阴刻楷书“化险为夷”四字，字为0.25米×0.23米，字距0.1米。4个大字行笔流畅，棱角分明，左边竖排楷体“酉溪帮李正辉（光、国）重修”。落款为“民国乙丑年孟夏月吉立”。

这块石刻源于近代石堤一带水上运输的艰辛和船帮之间为地盘码头而起的争斗。1925年，运输船队酉溪帮维修河道、抢占码头，决定在此石壁上刻下标记以示船队主权，同时也包含了船道工人祈求平安的愿望。整个石刻完好无损，字迹清晰，是研究近代石堤水运和船帮状况的重要实物资料。1987年8月，秀山县人民政府将其列为县级文物保护单位。

2. 来仪石刻（图 3-2-2）

图 3-2-2

《尚书·益稷》曰“箫韶九成，凤凰来仪”，“仪”是配合的意思，整句话的意思是说音乐太好听了，引来凤凰翩翩起舞以配乐，后世简称为“有凤来仪”。因凤凰是代表吉祥的贵鸟，所以更多了一层美好的寓意和愿望。秀山县城的凤凰山风景秀美，刻上“来仪”二字正是应和了“有凤来仪”的美丽传说，也给予了这个县城良好的祝愿。

来仪石刻属于摩崖石刻，位于秀山县城凤凰山半山腰，坐东朝西，离地1.5米，横长4米，竖宽1.6米，从右至左横排阴刻“来仪”二字，每字高1.05米，宽0.92米，深0.02米，“来仪”二字大气流畅，遒劲有力，具有魏碑崇尚自然和天趣的风格，行笔大起大落，速起急收，笔画利落，内圆外方，字体结构既有汉隶遗风，又含楷书创新，其方正简洁的体貌和变化多端的用笔体现出武陵山区苗族人民的淳朴民风与粗犷坦荡。题款为竖排，103个小字。

3. 狮子山石刻（图 3-2-3）

位于梅江镇邑中居委会较场组狮子山山顶南面距地面2米的石壁上，正文从右至左横向排列4个字，左右题11个字，呈纵向排列，石刻边缘深凿0.01米，形成方框，横长1.54米，竖宽0.68米，“放艇静思”从右至左行文，笔力遒劲，“艇”为“屠刀”的意思，字宽0.26米，字距0.07米，落款为“民国二年”。此石刻为秀山书画名人吴隽熙所题，对研究秀山的佛教文化具有重大意义。

图 3-2-3

4. 八家硚石刻（图 3-2-4）

位于溪口镇盘龙村5组，小地名石厂，在天生桥上游1千米处的河东岸离地1.5米的石壁上，题名阴刻“八家硚歌”并序，坐东南朝西北。

“八家硚歌”并不是一首真正的地方或民族歌曲，而是以歌行体中“歌”的体制与形式叙述了桥的建造过程，颂扬桥的作用及修桥的功德。

图 3-2-4

八家硚石刻呈横向长方形，将整幅石刻深凿0.03米形成边框，每边宽约0.1至0.14米。该石刻横长1.55米，竖宽1.05米，共阴刻文字518个，字宽0.05米，字距0.03米，因风化，部分字迹已模糊不清，但依稀可见该石刻文笔流畅，笔力卺劲。此石碑既为了解八家硚及当地桥梁建筑的历史提供了实物依据，也为研究当地的民族文化提供了一定的线索。

5. 小沟摩崖石刻（图3-2-5）

位于石堤镇大坳村干溪组小沟，坐西朝东，后靠山坡，前为耕地，整体为长方形，高1.8米，宽1.4米，石刻正上方从右到左横刻“秀山县正堂谭谕”七字，下面是具体内容，从右到左竖排，共14列，计132字，其中16字已经风化而难以辨认，其内容主要是解决当地居民吴、宿两姓争用水源的相关事宜，落款为“大清光绪丙子年冬月十日共立”。

图3-2-5

该石刻是研究古代官府解决民间纠纷的难得资料。2011年6月，秀山县人民政府将其列为县级文物保护单位。

6. 凉风洞摩崖石刻（图3-2-6）

位于涌洞乡楠木村河街组凉风洞，小地名凉风洞。整个石刻呈长方形，刻在离地面3米高的石壁上，石刻横宽0.6米、竖高0.85米。从右到左竖书11列，内容为清光绪年间，秀山县正堂昭示川河界太平场一带地方，居民要积极向官府举报匪情的有关事宜……[①]该摩崖石刻反映了当时这一带地区不太平安，劫匪颇多的民情，是研究清代川河界一带地方治安和地方政策的实物资料。

图3-2-6

①重庆市秀山土家族苗族自治县文物管理所：《秀山自治县第三次全国文物普查成果专辑》，第115页。

7. 錾字桥石刻（图 3-2-7）

位于兰桥镇寨瓦村三道组，小地名伍家堰，石刻坐南朝北，刻在离地1.5米的自然石壁上，横长0.77米，竖宽0.57米，呈长方形，竖排阴刻文字8列，字宽0.05米，字距0.02米，列距0.03米，内容为建桥捐资名单。该石刻刻于清康熙戊寅年（1698年），1987年被列为县级文物保护单位。錾字桥石刻是研究錾字桥建桥历史的实物资料。

图 3-2-7

二、其他石刻

天生桥石刻（图 3-2-8）

天生桥位于溪口镇五龙村居委会中街居民组，建于清光绪二十九年（1903年），是桥楼式四孔石墩木梁长亭廊桥，呈东南至西北走向，长72米，宽7.2米，总跨55米，桥两端均有砖墙门洞，铺着青石板，门洞上原有彩绘人物、花鸟图案及名人对联，桥旁有数座石碑，后来都被毁掉，现仅存的是南桥头门楣上“天生桥”3个大字，阴刻楷书，笔力遒劲，是研究近代桥梁建筑变迁史的实证。

图 3-2-8

第四章 彭水碑刻辑要

彭水苗族土家族自治县（以下简称彭水县）位于重庆市东南部，地处武陵山区，居乌江下游。北接湖北省，南连贵州省。全县面积广阔，少数民族人口占总人口70%以上，其中苗族30多万人，是重庆市唯一以苗族为主的少数民族自治县。彭水县历史悠久，人文荟萃，民族风情浓郁。历史上“控楚连黔，地拥摩围之险；抚苗绥汉，江翻溪洞之涛”，扼渝东南门户，为历代兵家必争之地。

铮铮摩围见证彭水千年历史，悠悠乌江诉说巴渝不息文化。在历史、文化的坐标中，彭水是西南地区璀璨众星中不平凡的一颗。因盐、丹之利和乌、郁二江水道交通之便，彭水自古以来便是物资交换集散地。商至春秋期间，彭水属巴国，战国时属楚黔中（郡）。秦王嬴政二十六年（公元前221年），秦始皇统一中国后，全国划分为36郡，重置黔中郡，彭水隶属黔中郡。西汉建元元年（公元前140年），在今郁山镇置涪陵县，属巴郡，辖今彭水、黔江、酉阳、武隆、石柱、沿河、印江、思南、正安、务川、道真等区县和秀山县西部，面积约3.5万平方千米。蜀承汉制，晋承蜀制。隋开皇十三年（593年）置彭水县，治郁山镇。唐在此置黔中道，并置黔州，治今彭水县城。至此，彭水成为今渝、黔、湘、鄂结合部政治、军事、经济、文化中心，为中央政权对西南边陲中部约30万平方千米地区少数民族实行羁縻统治的据点，一直延续到南宋末年。唐、宋两朝，中原纷乱，而黔州独守西南，社会、经济齐头发展。至元、明两代，遭遇多次“赶苗拓业”，人口锐减，土地荒芜，经济萧条。清政府招民垦荒，还民休养生息，经济得以恢复、发展，到清末舟楫往来，商贸辐辏，百货云集，盐、茶、油、漆、苎麻诸物转运各地，使“彭水财富，甲于酉属”。

悠久的历史赋予彭水丰富而深厚的人文内涵，各少数民族文化与汉族文化融合，使彭水形成了独具特色的文化氛围，并留下了特色浓郁的物质和非物质文化遗产供后人研究。作为一个文物大县，彭水在全国第三次文物普查中共普查文物2055处，其中古墓葬1813处。彭水县政府评审、确定了62处价值较高的文物点作为第四批文物保护单位进行保护，其中包含古墓葬、古遗址、古建筑、近现代石窟石刻等门类。

碑刻和楹联作为一种稳定的文化载体，如同一条信息纽带将先民的生活形态、价值观念、思想情感视觉化，并跨越历史时空的界限流传到今天，使今人得以重温历史的气息。由于悠久的历史、独具的民族特色以及独特地理位置，彭水地区碑刻楹联更显得独具特色。因此，对彭水地区碑刻楹联的研究，是研究彭水历史、人文、制度、建筑、艺术、民族等各方面文化的重要切入点。彭水地区碑刻楹联的地域特色主要表现为：

（1）价值深厚的碑刻文化内容。一是历史文化气息浓厚。有包括唐代皇室成员、朝廷重臣，以及宋代文化名人等墓碑在内的众多贵族名人墓碑。其中长孙无忌墓碑、黄庭坚衣冠冢墓碑等的存在是彭水地区厚重历史积淀的重要证明。二是民族特色显著。有包括象鼻塞碑、冉土司后裔墓墓碑等在内的蒙古族、土家族、苗族特色墓碑，为研究民族文化提供了资料。

（2）特色浓郁的碑刻艺术。彭水碑刻艺术主要表现为：一是墓碑形制有三类，即单一结构、组合结构和复合结构三大类。因建造资费不高，造型简单，结构单一等原因，较为广泛运用于各个时期，现存较多的是单一结构类。但就单一结构而言，极少出现雷同的布局与结构，即便同一墓群中也富于变化，绝无一致。经济较富裕人家修建的多为组合结构墓碑，这类墓碑一般由碑顶、碑帽、乐堂柱、撑鼓、抬板、碑板、左右碑柱，外加碑座组成。民间工匠依照传统的风水观念以及当地复杂多样的地理环境对墓碑进行因地制宜、匠心独具的创造性打造，使碑刻与环境形成一种整体的和谐美，突出“天人合一”“顺物自然”的传统观念。二是碑刻雕刻题材具有浓郁的地方特色。彭水地区碑刻在雕饰上，无论规模的大小，都十分注重图案修饰，且各有千秋。如彭水杨再玖夫妇合葬墓碑，雕刻人像69个，浮雕14幅，均为墓主人生活场景，如哺乳、嫁女、打扇、教子射箭、耕田、送子读书等。概括起来，彭水地区碑刻题材主要有人物类、动植物类、几何图案类、文字信息类4种。

（3）风情独特的历史和地域烙印。据统计，除去在自然和人为破坏中湮灭的记录，彭水记录在册的中华民国以前的墓葬就有1184座，其中包括汉代古墓、唐皇室成员及重臣之墓、宋代文化名人黄庭坚衣冠冢等。然而墓碑的大量出现则是在明代“改土归流”之后。

在“文革”时期，一些极具民族特色的碑刻遭到大量破坏，但地处渝东南偏远山区的彭水因地理位置偏远，交通不便，且土家族、苗族世代的家族式、分散式居住习惯使得彭水得天独厚地保留了一些珍贵资料。这些幸免于难的墓碑以静止的形态诉说着古老的历史，等待今人去阅读，去发掘。

第一节 碑刻

一、墓碑

1.长孙无忌墓志碑（图4-1-1）

图 4-1-1

长孙无忌是唐朝开国的第一重臣，作为玄武门之变的主谋，成就了唐太宗李世民的一代盛业。在长孙无忌的辅佐下，李世民统治期间才有了贞观之治的盛世现象。他获得了“善避嫌疑、应物速敏、决断事理、古人不过”的尊评。唐太宗执政期间，长孙无忌奉命与律学之士对唐律逐条解释，才有了影响国内外的《唐律疏义》三十卷。《唐律疏义》后被奉为世界五大法系中“中华法系”的代表作，被公认为中国古代法律之最完善者。唐太宗死后，高宗即位，长孙无忌因不满高宗纳武则天为妃而遭到贬职，被流放到当时的黔州，于显庆五年（660年）死于乌江统井关（今彭水境内）。

1997年8月，乌江电力公司在彭水县统井关下修建一所变电站时，村民们挖出了一块由上下两块粘连起来的砂石碑。两块各长0.90米，上宽0.543米，下宽0.593米，上盖呈鱼脊棺盖状。下底镌刻两列文字：“大唐显庆五年岁次庚申七月□子朔十日巳酉故长孙无忌墓志”26字，两列竖排，列长0.68米，宽0.16米，字为0.04米×0.04米，唐楷阴刻，字遒劲有力，端秀大方，浑厚朴实，有较高书法水平。经核对，此碑年月日的干支无误。可以断定，此为长孙无忌墓志碑。

2002年，文物考古鉴定专家王川平、刘豫川等对彭水文管所馆藏文物评级鉴定，经仔细考察，认定长孙无忌墓志碑为全国孤品，评定长孙无忌墓志碑为国家一级文物，现藏于彭水文管所。

按古代葬俗，上盖刻标题，下底刻墓志铭，但此碑只有标题，而无墓志铭。这显然与长孙无忌死时身份有关。长孙无忌被以乱臣贼子的罪名流放黔州郁山，死后连尸体都不能久存，匆匆忙忙便下葬了，更遑论题刻墓志铭。长孙无忌墓志碑的发现，进一步证实了长孙无忌埋葬在彭水县城东门坡的说法。同时还对他的死之年提出了新说：新、旧《唐书》《资治通鉴》等都记录为“显庆四年”；墓志却作“显庆五年”。是否《唐书》等史载有误？待考。

2. 黄庭坚衣冠冢墓碑（图 4-1-2、图 4-1-3）①

黄庭坚衣冠冢位于彭水县郁山镇中井村玉屏山麓，俗称“黄坟”。冢为一门二柱一楼结构，长2.3米，高2.1米，上端饰以梅兰雕饰，两侧以砖封成。前面立有一块石碑，正中书“宋史官黄文节公之墓”9个楷书大字。碑高约1.75米，宽约1米。按照碑上记载，此墓为清代道光六年（1826年）在郁山巡检许承豫倡导下重建。

图 4-1-2

图 4-1-3

黄庭坚（1045—1105年），江西修水人，字鲁直，号山谷道人，晚年号涪翁，北宋著名诗人、书法家，治平年间进士，曾任七年北京国子监教授。他擅长诗词，为江西诗派首领，书法成就颇高，与苏轼、米芾、蔡襄齐名，合称“宋四大家”，各以其具有特色的书法风格领北宋一代风骚。宋哲宗即位，召黄庭坚为校书郎，为《神宗实录》检讨官。北宋党争剧烈，宋哲宗亲政以后，主张变法的变法派逐渐在朝中得势。绍圣元年（1094年）十二月，黄庭坚被政敌章淳、蔡卞等诬以“修先帝《实录》，类多附会奸言，诋斥熙宁以来政事”的罪名，被贬涪州（今重庆市涪陵区）别驾，遣黔州（今重庆市彭水县）安置，在黔州度过了三年的谪居生活。

①彭水百科编辑组：《彭水百科》，四川人民出版社 1998 年版，第 111 页。

在彭水郁山三年谪居期间，黄庭坚虽遭不幸，却能达观处之。他寓居郁山开元寺“怡思堂”，向主持圣与和尚求得开元寺中两块空地，还向当地农户募得两块菜圃一起耕种。他作诗、写字、讲学、炼丹，乐观旷达，他的诗词书法在谪居期间得到了升华。虽身处边远异乡，他仍关心民疾，为巴渝学子讲学不怠，孜孜不倦地传授中原文化。他经常与黔州参军李长倩、训导王充等人一起谈诗论文，不减风雅。他与开元寺僧众一起写字读书，如同家人。他倡建万卷堂为黔州学子讲学授业，百年树人。他在开元寺左侧坡地，种菜浇水，与僧人凿一石井，人们叫它“山谷井”。他在《与太虚书》中写到自己当时的状况：“是黔中一老农耳”。

北宋崇宁四年（1105年），黄庭坚在戎州（宜宾）病逝。郁山人民追念其遗风，在中清河北岸玉屏山麓建衣冠冢。清道光六年（1826年）重建，立有“宋史官黄文节公之墓”，后来碑被毁坏，仅留下部。1985年据原碑重刻，并被列为彭水县级文物保护单位。后来人们还把“伏波祠”改建为“三贤祠”，把黄庭坚同汉代马援、唐代长孙无忌一起祭祀。

3.明代孙昌文及其族人墓墓碑[①]（图 4-1-4 ～图 4-1-7）

位于彭水县太平村南1.5千米处，坐西向东，为条石砌单墓室，有封土呈长方形。墓长3.87米，宽3.17米，高3米。墓碑为二重檐歇山顶式，四柱三开间，仿木结构。墓外用长方形条石砌一陵园，陵园中间有一石牌楼，石牌楼正对孙昌文墓。陵园通长34米，陵园后墙高2米，前墙高1米，条石上雕刻花草图像和各类人物生活场景图。陵园正中雕刻二仙下棋图一幅。石牌楼正中为大门，左右两边为侧门，均为卷檐鳌角，中门两侧各有石狮一只，下有戏剧石雕一幅，两侧石柱刻“竹策回生人间吉壤，石垣环拱此地佳城”，横额“反汉名正”。横匾下刻有戏剧图像关公挑袍，石柱内侧刻“龙吟虎啸万代灵英钟来艾，凤气龙腾千秋□气庆无穷”。右门上端刻有一石扇，石扇上题

图 4-1-4

①彭水文管所全国第一次文物普查资料，编号：322-G13。

图 4-1-5

图 4-1-6

图 4-1-7

字“振英”，扇面内侧刻“裕后”。左门已毁。从石牌楼中门进，拾阶而上，陵园内左右均为条石春秋凳，正中置一香炉。第一层墓碑正中楷书阴刻逝者牌位“皇清待赠宣德郎显考孙公讳昌文太君墓”，右侧小字楷书阴刻“生于嘉靖十年乙丑岁正月十五戌时”，左侧小字竖排，空出年月日未填写，当为卒时日期。两侧楹联楷书阳刻“此地时吉人安宅，他时待君子攸居”，牌位右侧为墓志铭，文字模糊，多不可识别。左侧碑刻为子孙后代族谱。外又有石柱刻楹联“佳山拥护千年冢，秀水滋培九畹□”，横批“乐哉斯邱”。横批牌匾右侧阴刻楷书小字“钦加同知衔赏戴蓝翎著彭水县正堂加五级记录十次王”，左侧“咸丰十一年仲夏月 榖旦”。台板雕刻各种人物图像。墓碑第二层乐堂上刻升堂图，栩栩如生。两侧乐堂柱各有一尊石狮，左侧石狮抱绣球，右侧石狮抱一幼狮，气势逼人。右侧撑鼓雕刻乐工奏乐图，左侧撑鼓为上朝图，人物线条流畅，刻画逼真，表情自然，雕刻工艺精美。

其中现存戏剧石雕16幅，花鸟雕刻12幅，石狮3对，凤2只，鹿一只，鹤一只，战马2匹，石象2只，佛3尊，石扇4柄，石联5对，整个地面为条石铺成，占地面积49平方米。其精美的雕刻手法及雕像内容为研究渝东南民俗艺术提供了宝贵资料。

在孙昌文墓下方约100米处，有其族人孙昌朝与妻合葬墓。墓室为石质封土仿木长方形结构，四柱三开间。有墓志铭及碑联，碑文为楷书阴刻，右侧及中间墓志铭记录孙昌朝及其夫人生平，左侧记录其后代代为立碑者。墓联为楷书阳刻，但文字风化严重，不可详考。墓碑落款为“大清同治元年壬戌之秋七月既望立亥山巳向之原”。

4. 杨再玖夫妇合葬墓墓碑（图 4-1-8）①

杨再玖夫妇合葬墓位于彭水县诸佛乡复兴村2组杨家坝，俗称花坟。现存墓1座，朝门2座，石院2个，石几2个，石凳2个。该墓坐北向南，占地176平方米。陵园为三重，全为预先加工的各种形状的石料砌成，以方形薄石板铺地。为双朝门二石院布局：入门第一座牌坊（门）高3.70米，两重檐“米”形鱼尾顶。前后有衬鼓，列门三道。门内为前坝，宽9.13米，长5.62米。经6步石梯及高一米的石坎后为第二座牌坊，高3.60米，两重檐，葫芦卷草形顶。门内为墓园，宽9.13米。墓葬为仿木结构歇山式顶，四柱三开间三重檐：墓面高5米，宽3.13米，交错四重檐歇山式，罗汉、葫芦卷草形顶。有墓碑、墓联、墓志铭，刻人像69个，浮雕14幅，为墓主人生活场面，如哺乳、嫁女、打扇、教子射箭、耕田、送子读书等。墓封门正中题刻“清待诰显考妣杨公讳再玖慈高氏老大孺人生茔”，墓葬纪年“咸丰甲寅岁季秋上旬立”。墓长4.8米，高2米。墓脊两边为五层瓦形板石覆盖，墓尾两边各有7步石梯上后台。后台宽9.13米，长4.20米。后墙石板上刻墓主人肖像。杨再玖，长衫大袖，右手执长烟杆，吊猪腰形烟盒，戴瓜皮帽，像高1.2米；继室廖氏，长衫大袖，抱手，戴帽，像高1.2米。前置香炉、石凳，以供放置供品及祭拜者休息之用。

图 4-1-8

①彭水县志编纂委员会：《彭水县志》，四川人民出版社 1998 年版，第 690 页。

陵园两侧为长方形的方格空心石墙，全园有对联15副，碑文14副，牌坊两侧有浮雕8幅，为匠师刘正世造，墓为生茔，建于咸丰甲寅年（1854年）。

杨再玖，侗族，赐八品顶戴。今有后裔50多家，200多人。该墓规模宏大，雕刻精美，为研究渝东南地区清代墓葬习俗及雕刻技术提供了实物资料，具有一定的文物保存价值。

5.傅宜述墓墓碑（图 4-1-9 ~图 4-1-17）

位于彭水县诸佛乡庙池村一组，小地名高石坎。据墓碑记载，墓主人傅宜述曾被义封八品寿耆修职郎。墓修造于道光三十年（1850年），距今已有160多年历史。该墓布局考究，做工精细。墓室坐东向西，长4.2米，高4.0米，墓面宽2.9米，为石质仿木结构，三重檐歇山式造型。[①]墓基底座为香案造型，底层是四柱三碑式，其4根柱子上分别阴刻楹联两副，外侧联为“衣冠承祀典，奕叶绍书香”，柱礅上雕刻富贵牡丹，内侧联为“皇恩光百代，世德表千秋”，柱礅上雕刻上下对开的千层莲花。两边分别是墓志碑和世序碑，中间是一面镂空的二龙抢宝碑罩，碑罩由

图 4-1-9

图 4-1-10

图 4-1-11

①彭水县志编纂委员会：《彭水县志》，四川人民出版社 1998 年版，第 690 页。

整块大青石雕成，上下部分为菱形窗格，中间为二龙抢宝图，雕刻非常精致，龙身活灵活现，鳞片栩栩如生。透过碑罩，里面的墓碑字迹清晰可见，其碑文共竖排3列，左为抬头，仅书“奉”字，中间是墓碑正文“皇恩义封八品寿耆修职郎傅公讳宜述”16个大字，右边是落款“道光三十年庚戌”，虽过百年，犹似新成。在底层横梁上共雕刻18个人物，有太公钓鱼、刘海砍樵、老君骑牛等神话传说，人物姿态各异，神形兼备。

图 4-1-12

图 4-1-13

图 4-1-14

图 4-1-15

第二层为四柱三开间，外侧两柱刻有花草，内侧两柱各雕刻一个身着官服的全身人像（疑分别为傅氏始祖傅说和宋代的傅尧俞）。中间是铭有“宠赐恩荣”的匾额，两边是分别刻有“说命”“金玉”的扇面，其内容颇有来历：传说殷商时期，傅氏的始祖“说”（音悦）居山西平陆傅岩山，善筑墙砌路。有一年商朝明君武丁外出求贤，路经傅岩山，该山地势陡峭，行路极为艰难，而返回时，此处却道路通畅，原来是当地组织民工修筑了道路，武丁非常高兴，便约见掌管工程的官员百工，百工大力举荐在施工中表现突出的说，武丁立即亲自去面见这位贤人，发现他果然谈吐不凡，是一个经世济民的奇才。由于说出身寒微，武丁为了任用他为相，三年不管事，自称梦见圣人，并画出说的相貌，令百官去寻找。殷人信鬼，武丁以此方法举说做宰相，贵族们便不敢反对。自从说被提拔为相后，一心一意辅佐武丁，帮助武丁大力振兴政治、经济、文化，缓和了奴隶的对抗，商因此又复兴起来。因说出生于傅岩山，武丁便赐说傅姓，傅说便成为傅氏的始祖。宋代傅尧俞，官至监察御史、中书侍郎，人们称赞他是“清、直、勇”三德兼有的“金玉君子”，所以傅姓宗祠常撰联“版筑宰相第，金玉君子家”。

在第二、三重檐上共刻有23个瓦当，除第三重檐中部最大的那个为双轮八瓣花纹瓦当外，其余22个均为“寿”字瓦当，虽然大小一致，但每个“寿”字形状各不相同。顶上的望山石造型奇特，两边鳌角由两只龙头鱼身的怪兽（疑为螭吻）构成，形态逼真，立体感强。中间是墓主人的雕像，墓主人怀抱如意，驾着仙鹤，表情安详，神态自然，栩栩如生，极具楚人遗风，是民族文化和民间习俗研究的重要实物资料。

图 4-1-16

图 4-1-17

墓碑前置鼎状香炉，墓前方左右两边各立一只“望天吼”。整个陵园长10.4米，宽7.7米，由长约0.7米、厚0.25米、宽0.3米的长方形条石砌成的花墙围成。在陵园前面，立有华表一对，高4米多，各由一根完整的16面体石柱雕凿而成，基座是一块1米见方、高0.5米的整石，中上部置钱纹方斗，顶部为双腹葫芦造型。而墓室后面又砌有花墙，中间是石刻壁画，壁画两侧刻楹联一副，内容为“明禋同天地而并久，世泽共日月以弥长”，有花草、祥云、蝙蝠等图案。

传说此墓历时三年多方才建成，而仅雕刻二龙抢宝碑罩时石工即吃掉一担二斗辣椒，可见工程之巨。

附墓志全文：

公号三泰，世处汉葭。谱原商相，业盛细沙。英敏不羁，性情豁达。内政多贤，义方且雅。所以家弥昌而世弥大。方今玉桂则雨枝分荣，金兰则□朵齐秀。而且四世增妍，一门积厚。洪范曰寿曰富曰康宁曰攸好德曰考终命且将耄耋期颐得西铭之旨者，非公谁与□生乾隆丁酉十月二十六吉时，行年七十余，十兆寿茔，坤山艮向。铭曰：泰山之精，嵩岳降神。蜿蜒郁积，人杰地灵。有经遗子，有谷遗孙。用昭明德，永表贞珉。

图 4-1-18

图 4-1-19

图 4-1-20

该处墓葬保存较好，包含了较多的历史文化信息，为研究渝东南古代墓葬文化提供了重要的实物资料，具有较高的参考价值和保存意义。

6. 曾家山蔡玉瑄汪氏墓墓碑（图4-1-18 ~图 4-1-20）[①]

位于彭水县石柳乡乔祝村1组。该墓建于清宣统元年（1909年），墓坐北向南，占地面积125平方米。此墓为条石砌成的石室墓，自西向东依次为蔡玉瑄墓、蔡玉瑄妻汪氏墓。其中蔡玉瑄墓为二柱一开间，圆形墓封门，高1.8米，宽0.8米，墓碑正中竖题“旨考取武庠加保千总候补四品都督府卫清显考蔡公讳玉瑄篆仕员老大人之墓”，墓葬纪年“宣统元年见次己酉小阳月下浣吉旦立”；两侧墓柱题刻墓志，柱面题联“显著名昭休光永垂，山雄启

①彭水县全国第三次文物普查不可移动文物登记表，编号 500243-0988。

固正气长存”。拱门上刻“万古口城”。墓碑拱形顶端附有二龙戏珠图案，珠子正中有墓主人雕像一尊，下有一吉祥扇面。墓碑底端撑鼓处雕刻有牡丹、蝙蝠、石狮图案。墓正前方立“望天吼”一尊，1米见方底座，高约1.2米。汪氏墓形制与蔡玉瑄墓相同，墓葬封门正中刻“皇清例赠四品恭人显妣蔡母玉瑄老太君之墓”；柱面题刻“表芳型树佳城于万古，绵奕禅隆享祀以千秋”，拱形墓顶横额书“淑德流芳”。墓前方竖一尊“望天吼”，底座较低，尺寸与蔡玉瑄墓前的相同。墓后第二台院墙正中嵌蔡玉瑄生年事迹碑，石院长12.5米，宽10米，院门两边石柱上置石狮一对。该墓为研究彭水县清代墓葬习俗及雕刻技术提供了实物资料，具有一定的文物保护价值。

7.高定安夫妇墓墓碑[①]

高定安夫妇墓在彭水县龙射镇光辉村高家院子下面，石彭公路西侧坡下，建于中华民国庚辰年（1940年）。高定安，苗族，当地居民。墓面宽1.4米，高2米，石砌一重檐。圆拱形顶，碑文为“山人高安定之墓”，颜体阴刻。

墓门柱左侧为“龙穴砂水恁老夫消磨岁月”，右侧无字。墓尾左侧有石门，题为“丙午门”，一重檐歇山式，檐形顶，门内宽0.8米，高2米，内侧各刻持枪侍卫一尊，半突出。门外左联为“吾守正午门愿后世流芳百世”，右联亦无字。这种有上联无下联的墓联仅为彭水县内所见。此墓原有陵园，宽约10米，长约20米，延至墓前10多米的坎子边，园内为铺石地面。今院墙及正门已不存，铺石内坝被辟为菜地。离高定安墓南约30米处，有其妻高郭氏墓，有碑，有联，帽盒形顶，土封，建于中华民国二十八年（1939年）。墓前为龙池，按地表岩石裸露的略似有龙爪龙尾的石龙形状，刻一龙头与龙身相接。龙头高0.76米，宽0.28米，双眼突出，眼突长0.1米，眼围0.27米。全龙长9米，龙头前部有一石刻的八卦印，印长0.445米，宽0.42米。按方位刻有八卦，八卦爻宽0.035米，阳爻长0.18米，阴爻长0.07米。龙池略呈半月形，前面有长14.5米的弓形填缝石墙，与右面的石坎相接。龙池约49平方米，深1.2米，蓄水，水淹至1.08米时，与八卦印平。石墙为双层，中间用土填实，宽2米。门内侧各刻鲤鱼一条，头下尾上，门上的联为“绿水过风千层浪，赤龙得雨万点光”。门内地上有一似蛙非蛙，似龙非龙的动物头部石刻，长约1.3米，宽0.6米。据当地人说，这是“石雷”，用以镇压墓前龙池中的石龙的。这道门与高定安墓左侧的丙午门都建于后石壁坎下，不是让人进出的。

①彭水苗族土家族自治县民族宗教志编纂委员会：《彭水苗族土家族自治县民族宗教志》，重庆出版社2003年版，第85～86页。

图 4-1-21[2]

8. 冉匡九夫妻妾合葬墓墓碑（图 4-1-21）[1]

冉匡九夫妻妾合葬墓在彭水县太原镇碾房村，建于中华民国三十一年（1942年），是县级文物保护单位。墓坐东北向西南，长方形石室墓。墓高6.9米，宽6.33米，长4.67米，墓面为四柱三开间，仿木结构三重檐，墓顶为前置的圆拱，如三块巨瓦并排覆盖。墓面门楼为整块巨石刻凿，其余部分所用的石料体积较大，接缝处经过精工磨制，近看不能查其缝。在墓的相关位置，除墓碑3座、墓志2篇、花草画6幅、动物画4幅、墓联10副、题画诗6首外，还有“新生活运动”及抗日防空常识的宣传画多幅。墓上正中有墓主人肖像1幅。墓两侧石壁上，分别刻有《彭水教育源流》《彭水田赋财政概况》计1万多字。此墓为石工聂树青承建。正中为冉匡九墓室，有联7副，诗画4幅。刻有冉匡九自跋陈述生平及思想。

冉匡九为冉土司后裔，颇有家财，生于1894年，为当地口碑较好的开明地主。冉匡九童年读私塾，后随兄长冉子式到成都新式学堂读书。他聪颖好学，练得一手好颜体字，能作诗、演奏风琴。在成都读书期间，堂兄冉子雍勾结当地的恶人王子林欺压冉匡九家。1918年，王子林将冉匡九的父亲冉瑞凤、四哥冉子箴抓住并毒打成重伤，还索去4挑白银。于是，冉匡九和兄长只得放弃学业回乡。回乡后，全家迁居到平安洞，把父辈三房的近亲招来，组成自卫团练武装，同时把忠实佃户训练成团丁，多达300多人，并用2300石地租产业来配备枪支、发放粮饷。有了自己的武装后，冉匡九与王子林、曾昭连抗争了十余年。在十余年的抗争中，冉匡九的父亲、兄长、女儿、侄女、侄儿、堂侄等多人被打死或受到折磨，住宅、祠堂被烧，平安洞被攻破，家产也耗去三分之二。王子林、曾昭连死后，冉匡九本可称霸一方，但他忘记恩怨，主动与曾、王两家和解，并互通婚姻，化干戈为玉帛，把自己也从恩仇中解脱了出来。

冉匡九受养子冉夷的影响，与中共党员彭济民、刘伯容等往来密切，并以生死相交。彭济民被捕遇难后，冉匡九派人杀了凶手，为烈士报仇。彭水“3·30”起

①彭水苗族土家族自治县民族宗教志编纂委员会:《彭水苗族土家族自治县民族宗教志》,重庆出版社2003年版,第215～216页。
②彭水文管所全国第一次文物普查图片，编号：256-G22。

义失败后，中共党员邹隐樵、夏锣、刘伯容等人到平安洞共议军机，他以贵宾相待，并表示积极支持驱赶向时俊“滥军”。邹、夏、刘离开时，冉匡九还礼送川资，令冉夷将他们护送到重庆。1950年，土匪暴动时，冉匡九派冉夷出面，将县人民政府派去征粮的南下干部傅吉绥藏到哥哥冉子箴家的顶楼上，直到郁山进驻解放军后，才派人深夜将傅吉绥护送到郁山。

修川湘公路时，冉匡九任彭水县筑路委员会常委，负责筹集经费，征募民工，划分路段等。冉匡九吃住在工地上，骑马检查工程进度和质量，连民工的伙食，他都一一过问。川湘公路完工后，连他骑的马都累死了。

1941年，冉匡九与3位兄长各出大谷10石，并砍伐他们家山上的木材，兴建了太原学校。学校落成后，冉匡九聘请县内教育界声望最高的钱青云任校长，收生300多人，丰都、石柱、利川等地也有学生来此就读。冉匡九还资助家庭贫困者，他出钱资助的冉启迪、冉隽实、冉启云、甘业盛、蒋维邦等，除冉隽实在海军退役后定居美国外，其他均在新中国成立后成为高级工程师。

冉匡九弃政后，刻苦钻研中医典籍，并与名医切磋方剂，很快成为当地的名医，后在高桥场上设药房，每遇贫者，以药相赠。

1950年6月，冉匡九作为开明士绅，参加了彭水县各界人民代表大会。在政府开展镇压土匪恶霸运动时，冉匡九认为政府会加重镇压政策，从而牵连到自己，便潜逃贵州，后被押回处死。

冉匡九墓从中华民国二十年（1931年）开始修建，冉匡九自行设计墓室。后冉匡九被处死，死后，由农会干部派人将遗体用自备棺材，葬入生前所建墓中。

从冉匡九精致的墓碑中，后人不仅可以解读到中华民国时期彭水的墓葬建筑体例和当时人民不朽的智慧、巧夺天工的手艺，更可以从文字中了解到一位胸襟宽广、目光长远、关注民生的开明绅士形象。这种精神不仅是彭水精神的一部分，更是中华民族文化的一种象征。

附冉匡九自跋：

予生也不辰，幼而寡学，长更无能，年届知非，行将就木，不得不自造坟茔，以各盖棺。其实，文章、经济、事业，一无足称，死后朽骨，何必重视如斯？礼曰：生不如速朽。孔子虽为昭公司马，自为石椁，三年不成，而言：然甘垂戒后人也深矣。我何人斯，雨兴数年工作，获罪先圣，不已甚乎？惟不幸而生逢乱世，与匪为仇，几至家败人亡，其中事实，不无可记者。

清末，宣统三年，知县刘藻叶，借赈粜为名，采购吾家稻谷七百硕，种种敲扰，已属违法；后复扣价银千两弗给。诉陈上司。判谓：“查该令去岁报销，并无短谷扣价之说。”竟被撤参移交。继任娄桐，一味贪污，与藻叶如出一辙。迨所谓亡国之际少循吏也乎？辛亥革新，清政解组，天下大乱。初莅彭水知事为易登云，吾家被匪劫，诉请缉究，反谓为诬罔，又经上控，始白，是岂有官箴耶！民二年，熊克武、杨沧白拥兵变于重庆，虽舍有党见败逃，而四川之政乱，遂从此不可收拾矣。凡拥兵者，莫不联乙倒甲，联丙倒乙，各霸一方，惟权利是图，无邪正上下，民命不堪，尤以吾酉秀黔彭为甚。盖滥军失败或草泽称兵者，悉欲借此崇山峻岭为发展计。因是，盗贼蜂起，良民失所。甚至朝为盗，夕假投诚，即为正式军队，成军后潜劫民财。在民十二年至十九年间，即重庆、成都，大概亦如吾酉秀黔彭，腥膻载道，烽烟满目，乐土谁适，良可慨已。予睹局势日非，民七，始由成都废读回家，练团自卫。其时，予父已见掳于匪，受困且伤；赎归后，即朝夕从事捍卫。本地土匪，如王子林、曾昭连等，尤与予寸步为敌仇。十四年，击毙昭连；子林失其羽助，乃尽量掳搕远近，以结外匪，贿滥军，与予顽抗。此时，该匪流毒之深，固不仅百里内无殷实而已。予悯念桑梓，关心仇雠，亦联正绅童雨时、王祝熙、宁连城、蒋岳森等以攻之。相持至民国十七年春，不幸为该匪等勾串綦江巨匪穆瀛洲、曾鹏飞。纠众数千，袭破洞寨，致予父忿急而逝，匪等且焚毁其尸身，抱恨终天，其曷有极！幸全家脱险，随即反攻，毙匪百余，围窜涪陵，为杨子惠军长缴械。盖其部桂云津与予同学，事先联络迫使之然也。子林旋跌岩（崖）身死，此事乃告一段落。然予剿匪足迹，亦几遍黔石彭涪鄂也。迨二十五年，方放弃治匪责任。在此年代，予损失财产，以数十万元计。其最令人痛心者，竟有亲亲家族，甘与王匪作伥，谋弑叔，屠兄弟子侄。不逞，转而以女妻匪以为荣，嗟夫，忍心害理，寡廉鲜耻，亦至于斯之甚乎？

二十四年冬，政令筑川湘公路。予被选为筑路常委。二十五年一月开工，越明年元月竣工。七月七日发生卢沟桥事变，民工未被赶工，严令申斥，亦云幸也。该路全长一百四十六公里，其中以三区为涪陵民工代作，盖政府以彭水路段崎岖，工程浩大也。兹事，予实尽最大努力，博得人民与政府信任，虽已身心力损失，但为国牺牲，精神尚快。

刻吾彭教育经费不足，中央层层补助，饬各乡保校基金，九年只每保一万元，中心校基金十万元。因而感觉中心校舍窳败且狭，难容多数学子，遂协同地方人士，雄心建筑，纳费五六万元，不辞挪垫，盖将促文化发展，以创国家普教之意。

至于在意中者，则有父母丧葬与宗祠、坐（住）宅之修造。更欲再谋巨资，储作培植、教育后起之需要。是在以后措施，必求实现。

生平之最感不快者，除匪患外，厥为烟癖与继起失掉教育两端。困烟癖者，不顾法令森严，执迷不悟。持遗产者，不愿求□□辜负曾祖父春芳公、伯父辉山、云藩与先君子歧山诸公之创数千硕租谷，遗后人衣食教养之苦□自□己□□□□尚缺，深感儿女之不可靠，亦听之已也。今鸠工将竣，特撮数语，藏之墓内，待□□数百年□后□□或□□□识字者，将来之斯世斯地斯人文献一部之征考云。

冉匡九自跋并书

9. 郁美珍墓碑及其牌坊（图 4-1-22）①

位于彭水县河口村东1.5千米，建于1894年。墓坐西南向东北，条石砌成，封土，长4.5米，宽3.1米，高4米。周围为石垣墙，三重檐，仿木结构。墓前立一石牌坊做门，门上部浮雕精美，门内侧雕刻有21个戏剧人物，外侧刻人物8个，麒麟2个，龟2个，对联2副。墓制宏大，雕刻精美，艺术价值较高。园内有石天井，墓碑为四柱三开间结构，碑刻有花卉，楹柱有对联4副。墓顶刻有“万代流芳”四字。

图 4-1-22

10. 宁氏墓碑（图 4-1-23、图 4-1-24）

宁氏墓群坐落于彭水县新田镇三潮水村，五柱六开间，土封，双层，长约 12 米，高 1.68 米。为宁氏彭水开祖宁茂哲及其后人墓室。墓依地势而建，坐西朝东，墓后为一高地。碑帽为祥云图案，第二层乐堂上刻“衰秀发祥”，落款题为“万历丁酉季冬吉日立”，乐堂柱上雕刻有花草图案。第一层碑板为大石块封门，上面雕刻祥云、花草、葫芦等吉祥图案，碑柱前刻两石狮。墓

图 4-1-23

图 4-1-24

①彭水文管所全国第一次文物普查资料，编号：302-D1。

前所立石碑为后人近年补立，据当地文物管理人员介绍，墓主人碑刻立在墓室内部，并称当地明代墓碑基本都在墓内。据《冉氏族谱》介绍，其始祖宁茂哲曾任明朝云南巡抚。明正德五年（1510年），宁茂哲卸任，途经彭水岩滩时翻船失印，无奈滞留，伐木为生。宁茂哲到三潮水村伐木时，发现一所废弃的古院落，在那里扎下了根。

二、路桥指示碑

1. 鸡鸣井碑（图 4-1-25）[①]

位于麻坝村北方500米左右，刻于永历十一年（1657年），共有碑刻两方，均为石质长方形碑。其中鸡鸣井碑记碑宽0.7米，高1.35米，厚0.12米；捐修鸡鸣井古道碑碑宽0.7米，高1.24米，厚0.15米。碑文部分风化，光绪年间的《彭水县志》载有清康熙年间县令陶文彬祭鸡鸣井文，其中记载该井开凿于汉代。

图 4-1-25

图 4-1-26

图 4-1-27

2. 会仙桥碑（图 4-1-26）[②]

位于彭水县诸佛乡复兴村2组，共有石碑3块，记录建桥的过程，碑上有纪年“光绪二十年己亥岁仲冬月中浣吉旦”。这些碑刻为研究清代渝东南桥梁建筑提供了实物资料，具有一定的文献价值。

3. 道光残碑（图 4-1-27）

绿阴轩摩崖石刻唯一的碑刻是立于彭水县县委大楼古榕树下的“道光续修考棚收支账目残碑”。绿阴轩摩崖石刻的其他石刻无一例外都是摩崖形制，而这块残碑却是与汉葭街道新发现的育婴永守章程十条碑一样，用本地罕见的青砂石制成。残碑呈长方形，约0.75米×1米，楷书，阴文。全文如下：

①彭水文管所全国第一次文物普查资料，编号：322-D3。
②彭水文管所全国第一次文物普查资料，编号：326-D5。

道光二十二年壬寅岁续修□□□ 计续修头门、□□、砖墙一道内东西乐楼俱□□□□□□□□□□□□□□□□□□□□□□□□

内外厢房四间、□房一间，俱新建，大堂东边□□□□

□□□□□□□□□

新□东广场砖、墙堡约三分之一新砌，箭厅

□□□□□□□□□□□□□□□□□□□□□□□

支数

（1）给黄三扬移坊费钱伍千文

（2）大砖、□□钱玖拾玖千文

（3）石灰、纸筋钱肆拾陆千叁百文

（4）灰匠 893 工，钱捌拾玖千叁百文

（5）小工 820 工，钱肆拾千贰百文

（6）油漆彩画并匾对，钱肆拾伍千贰百文

（7）铁钉、扯钳、锁扣共钱壹拾玖百文

（8）上梁、炮烛等用并赏号钱玖拾捌百□□□

（9）取用衔神、祠□、格牙、屏门十扇未□□□□□□□

□□□□□□□□□□□□□□□□□□□□□□□□□□□□□□以上支用钱捌百伍拾叁千□□□

收数

（1）收考棚原存钱柒拾玖千文

（2）收霍永□捐钱悼寄缴银壹□陆两文平伍钱

（3）收王应□、王金武当价充公钱壹百千文

（4）借支二十三年分阮秀成当价充□□□□□□□□□□□□□□□□□□□□□□□

以上共收钱捌百伍拾叁千伍□□□

外堂鼓、□□、几案、桌椅等用□多现□

□□□□□□□□□□□□□□□□□□□□□□□□□

修之费第为数无多可应筹□添□□□□□□□

□□□□□□□彭水县事

《彭水县志》中“道光二十一年（1841年）建考棚于县署”的记载和上述残存碑文所涉及的内容基本一致。因此，道光续修考棚收支账目残碑记录的真实性毋庸置疑。

三、旌表碑

1. 贺龙德政碑（图 4-1-28、图 4-1-29）[①]

贺龙德政碑，位于彭水县城北50千米处的郁山镇怀龙亭内，上款为“恭颂国民革命军第一百六十九旅旅长贺公云卿之德政”，下款为“彭水县上八乡民众敬立，中华民国十三年甲子岁菊月上浣”，中间有4个楷书阴刻“德媲宗韩”。由书法家滕树栋书写，颜体正楷，遒劲雄浑。碑高1.83米，宽0.99米。

图 4-1-28

图 4-1-29

据郁山人民介绍，1922年春，孙中山先生为整顿边防，令石青阳回四川训练、整顿部队，贺龙便率部随石入川。同年夏天，贺龙被川东边防军总司令石青阳任命为川东边防军普备旅长，率部驻扎于郁山镇。20世纪30年代初，四川地区军阀连年混战，盗匪猖獗，民不聊生，民众生活于水深火热之中。贺龙于1924年7月因军事调离郁山去贵州东部，其驻扎郁山镇历时两年有余。

贺龙驻军于郁山镇时，治军极严，深得郁山镇人民拥戴。郁山是从湖南入川的必经之路，商贾行人不断，繁荣一时，驻军期间，贺龙同志对所属部队约法三章，不准部队无故扰乱百姓，破坏治安，一切遵守当地的村规民约。1923年6月，所管辖部队一位连长阎敬诚，他是贺部属下最为善战的猛将，又与贺龙是同乡，便有恃无恐。在离郁山镇不远的长滩乡二峰关驻防时，乘外出公干之机，命其部属捕捉民众的鸡两只，抢劫民财，造成极坏的影响。贺龙获悉此事后，经调查核实无误，就在郁山镇城隍庙附近宴请各界人士，当众宣布其所犯之罪行。随后经旅军法处审讯，阎供认不讳，为肃军纪，贺龙将其就地正法。从此，其所属各部对当地百姓秋毫无犯，令出必行，军威大振，深得百姓赞许。当时，同据县城的还有黔军一团长

①彭水百科编辑组：《彭水百科》，四川人民出版社 1998 年版，第 111 页。

周日痒，勾结地方土匪，对地方危害甚大，实为明官暗匪，其部下更无所顾忌，烧杀抢掠无恶不作，百姓敢怒而不敢言，对这伙黔军深恶痛绝，很想让贺旅长除掉此害。1924年5月，周日痒依仗自己的权势，强抢民女任某为妾，并以婚娶为由，命其部属四处搜刮、敲诈勒索民财。葫芦丘一小商苏琢之不肯纳贡，周日痒便以莫须有的罪名将其毒打，罚款银币2400元。苏琢之虽倾家荡产，仍不能了结，百姓怨声载道。贺龙得知后，决定为民除掉此害。6月上旬，亲率手枪连前往县城，设计将周日痒逮捕法办。从此民气大伸，群众扬眉吐气，境内盗贼敛迹，社会秩序井然，县城内又恢复了往日生机。

贺龙虽出身行伍，却对地方教育甚为重视。他认为只有兴办教育才能治国兴国，因此他集资修建学堂，积极兴办公学。若有闲暇，常往郁山丹宗书院慰问教师，常督导、教育学生要有礼节，多学知识，长大后要当个好人，多为民众办实事做好事。这对师生影响很大，数年间，学校人文蔚起，学风端正，在此期间很多学习者出类拔萃，名冠县中。同时，贺龙积极参与对地方的建设，当他知道郁山产盐并有很悠久的历史后，便积极鼓励生产。由于过去关税盐卡很多，为鼓励发展生产便下令裁撤盐警及关卡，降低盐税，致使数月后郁山食盐产量倍增，群众食盐紧缺问题得到充分解决，并且远销川、黔、湘、鄂边区一带。为便利商旅,繁荣市场，振兴经济，急群众之所难，便将自己平日省吃俭用而积攒的铜圆一千枚，率先捐作修桥补路之用，不但解决了百姓行路之难，还繁荣了市场，为郁山及附近的经济繁荣做出了贡献。

1924年7月，贺龙率部离开了郁山，离开了彭水。郁山人民自发相送数十里，依依不舍。郁山镇人民在贺龙走后，郁山镇及上八乡（清平、走马、龙溪、朱砂、联湖、石柳、木南、凤鸣）人民不忘贺龙同志的德政，便集资于1924年9月树碑一通于郁山镇栅子门，以志不朽。其原碑于1939年被当时蒋介石派驻彭水的“别动队”所毁，实为惋叹。彭水县人民政府应广大群众要求，在1984年3月按原碑风貌及字体比例复制还原，并修此亭记之，并将亭命名为怀龙亭。怀龙亭两边挂有楠木对联一副，黑底红字，颜体，对联为：“义旗举南昌启革命风云挥师百战运筹帷幄心尽瘁，赤卫树洪湖颂英雄壮志将帅三军德行楷模口皆碑”。1988年11月，彭水县人民政府将怀龙亭公布为县级文物保护单位。

图 4-1-30

2. 营政碑（图 4-1-30）[①]

位于汉葭街道一段村村西，长方形，碑长1.63米，宽0.90米，厚0.16米。碑文阴刻楷书，行文从右至左，字宽0.32米，字距0.06米。碑左书“建威将军吕公鑫亭军门大人营政”，正文“威镇黔边”，落款为“郁山镇绅庶公立”。碑刻无年代落款。建威将军为清代正一品武官之封号。建威将军何时何地在郁山做了何事，待考。

图 4-1-31

四、政策族训碑

1. 明代示喻碑（图 4-1-31）[②]

位于鹿角镇善感乡龙纲村南1千米，碑呈长方形，此碑高1.57米，宽0.9米，厚0.2米，碑额横批为“示喻碑”。正文竖排：“示喻军民人等知悉，今后男须十五六岁方可迎娶，违者父兄重则枷号，女方党官者同枷。”落款为“万历九年（1581年）十月初一日”。

这块示喻碑是研究明代婚俗的珍贵实物资料，表明早在400多年前重庆彭水就制定了地方性法规来严厉处置早婚行为。只是现今碑刻上面的部分文字已经风化脱落，而碑身也大部分被埋入土中，因此需要加以保护。

2. 太平坳界碑[③]

位于太平村西边3千米处，为彭水与黔江之间的地界碑，石质，呈长方形，碑高1.16米，宽0.36米，厚0.36米。碑刻右下角有“……康熙壬辰年……”落款，大多数字迹已模糊不清。但这块碑刻的存在为研究清代渝东南地区行政版图提供了有力的实物证据，相当珍贵。

①彭水县志编纂委员会：《彭水县志》，四川人民出版社 1998 年版，第 691 页。
②彭水县志编纂委员会：《彭水县志》，四川人民出版社 1998 年版，第 691 页。
③彭水文管所全国第一次文物普查资料，编号：310-D7。

五、宗教民俗碑

1. 武庙碑系（图 4-1-32 ~ 图 4-1-36）

武庙，彭水县九宫十八庙之一。唐朝到元朝祭祀吕望，明清时供奉关羽，中塑关羽神像，左塑手执青龙偃月刀的周仓，右塑佩剑的关平。中华民国时，又把岳飞与关羽合并祭祀。据载，同治二年（1863年）因太平天国石达开部将李福猷路过郁山时被焚毁，于同治四年（1865年）由郁山拔贡支葆恬、支承祜及文生冉崇棣等重建。现有介绍武庙的武庙碑，重修武庙记录碑，武庙收佃记录碑，以及武庙楹联等，现存于开元寺怀龙亭。

图 4-1-32

（1）武庙碑。武庙碑宽0.85米，高1.53米，厚0.135米，记录武庙创建及修缮过程。落款为“同治六年丁卯岁”，应当为同治四年重建后立。这座庙碑为研究彭水当地的宗教史提供了实物线索。

（2）武庙收佃记录碑。碑高1.23米，宽0.86米，厚0.15米，记录了武庙佃农所应缴纳佃款及谷物。这款记录碑的存在为研究彭水武庙规模以及彭水经济发展状况提供了宝贵资料，对当时宗教经济进行了实地记录，同时对后世进行家族研究、人口调查提供了实物资料。

图 4-1-33

图 4-1-34

（3）重修武庙记录碑。重修武庙记录碑为记录同治四年重修武庙的原因，以及对重修武庙的主持者进行了记录。

（4）武庙署理告示碑。该碑宽0.82米，高1.25米，厚0.14米，为长方形，四周刻有祥云、图腾、花纹等。碑文阴刻，但文字模糊，不能悉辨。大致记录四川酉阳直隶州、彭水自治州正堂对武庙修缮后的经营管理权所做的批示。碑文落款为“同治五年三月初一日告示，本年五月十三日刻”。这块碑文记录了当时彭水政府对处理行政事务的决定，为研究彭水当地政治制度提供了实物资料。

图 4-1-35

图 4-1-36

（5）武庙楹联。武庙石联，两石联高约1.77米，左侧石联宽0.275米，右侧石联宽0.27米，左联厚0.355米，右联厚0.37米。石联刻“圣世易名谥隆忠义，偏隅向道祠重崇宁”，为阳刻，书法造诣较高。

2. 象鼻塞碑（图 4-1-37、图 4-1-38）①

位于向家坝蒙古族村村口的象鼻子洞内。象鼻子洞由上洞和下洞组成，为当地人建立的古代军事设施，类似于城墙性质的厚重石墙，至今还清晰可见。共计两块碑刻，其中一块残碑已经破损多块，散落于下洞草丛中，部分字迹也已较为模糊，但大部分还可辨识。残碑无碑名，高0.7米，宽0.5米，厚0.14米。另一碑立于象鼻子洞下洞后壁离地3米处，铭文清晰可辨，“象鼻塞”3个大字清晰明了。该碑高0.95米，宽0.62米，厚0.17米。残碑和象鼻塞碑碑铭均为直书，碑阴无文字。两碑所铭内容如下：

（1）残碑。

且吾人，当世乱之。而欤为身家之谋，则□城鉴池在所当急□。然高地不可守，则其□犹有示善者。若我境之象鼻硐，则不然。去年秋，贼匪窜入，吾辈数百人同避硐内，而贼至硐口逡巡而不敢入，其地之可守。亦有门□矣，受邀同入，益加修补。

图 4-1-37

图 4-1-38

①王希辉：“重庆彭水‘象鼻塞碑’考释”，载《黑龙江民族丛刊》2010 年第 3 期。

千内□，厚其垣墉，外复高其沟垒。庶一旦祸变之，亦不至遭其蹂躏。□耳是为序。

谭广 谭英 谭□ 谭志尧 谭志舜 谭志喜 张汝翼 谭志武 张汝康 张汝谐 刘玉 刘琴 刘玲 刘玩 刘珂 王永堂

石匠

刘璋 潘朝壁 李德才 吴正朝 吴文炳 刘璠 徐顺贵 刘瑞

同治元年□八月中浣吉旦立

残碑所录汉字中有8个已无法辨认。附录人名24个，其中谭姓7个，张姓3个，刘姓8个，吴姓2个，徐姓、潘姓、王姓和李姓均为1个，并明确标明石匠立碑时间为同治元年（1862年）。

（2）象鼻塞碑。

鉴闻不殆有三，而险居其一。若我境象鼻子，上有老虎岩，耸然而特立；下有落水孔，窈然而深藏。鼻中有一内洞，可容数百余人。内洞上二穴，其一通洞外，其一虚悬岩壁，状若谯门。临上而俯视，断崖千尺，肝胆为之掉栗。此城，我境至险之胜地也。辛酉秋，贼匪入寇。吾与戚族避兵于此，既获平安。今复因其势，而垒石城墙，以为预防之计。倘急有事，而退处其中，则虽有千军万马之来，亦将高枕而卧，莫予毒也，已是为序。

张志端 十千文　张志周 十四千文　张汝翼 十千文　张汝谐 十六千文
张汝明 四千文　张汝熙 八千文　张汝雍 二十千文　张汝诚 十千文
王永堂 二千文　谭朝钦 十千文　谭朝选 八千文　谭志喜 十五千文
谭志轩 二千文　谭志尧 九千文　谭志舜 七千文　吴玉朝 七千文
吴文炳 七千文　李德才 二千文　刘玉 两千文　刘琴 十五千文
刘玲 七千文　刘玩 八千文　刘璠 六千文　刘珂 六千文
潘于忠 一千文

同治三年九月十八日立

象鼻塞碑所录汉字320个，附录捐款人的人名25个。立碑时间为清同治三年（1864年）。

据两块碑刻所载可知，象鼻子洞在清代是避贼重地。究其原因，彭水为武陵山及周边地区的政治、经济和文化中心，历来为兵家必争之地。再加上少数民族众多，地理环境复杂，匪患较为严重。向家坝为彭水蒙古族人民聚居处。据县志记载：清代，咸丰十一年（1861年），太平天国翼王石达开部将曾广依率部从木棕河入（彭水）县境……同治二年（1863年），石达开的另一部将李福猷率兵从善感乡的周家寨入境，经梅子垭去黔江。由此推断，残碑和象鼻塞碑是当地蒙古族等先民为躲避翼王石达开部将曾广依的部队而建。

残碑和象鼻塞碑的发现有重要的理论和现实意义。作为地方史研究的重要资料，通过象鼻塞碑在一定程度上可以弄清同治年间彭水向家坝附近社会、人口、民族分布状况，为石达开部将路经彭水提供翔实的佐证资料，又可以在一定程度上弄清向家坝蒙古族与周边族群的基本情况，具有重要的民族史研究价值。向家坝为重庆市境内仅有的两个蒙古族聚居村落之一。至今，因文献资料不足，作为重庆迁入族群的蒙古族在历史上与周边民族的互动和民族关系仍是学界无法弄清的重要问题之一。因此，象鼻子洞碑刻的发现正好弥补了这方面的不足。因此，象鼻子洞内的碑刻具有重要的文物文化价值。

六、文人书法碑

颜真卿书法碑（图 4-1-39）[①]

中华民国十七年（1928年）秋，颜真卿书法碑在县城监狱外被掘出。碑长0.595米，宽0.32米。镌文为“马伏波云：闻人之过，如闻父母之名，耳可闻而口不可道也。有唐大历三年夏四月，金紫光禄大夫行抚州刺史上柱国鲁郡开国公颜真卿书，道士谭仙岩立，镌者皇甫华”。原66字，竖排楷书阴刻，原置于汉葭公园内，新中国成立后遗失，藏有拓片。后根据拓片刻于绿阴轩摩崖石刻群上。

图 4-1-39

①彭水百科编辑组：《彭水百科》，四川人民出版社 1998 年版，第 113 页。

第二节 石刻

1.绿阴（荫）轩摩崖石刻群（图 4-2-1 ～图 4-2-11）

位于彭水县乌江东岸渡口的峭壁上。北宋绍圣二年（1095年），黄庭坚谪黔期间曾在此山崖上建轩。轩成之时，恰逢崖旁榕树结籽满枝，又得悉夫人携新生子已到涪州（今涪陵），因取杜牧“自是寻春去校迟，不须惆怅怨芳时。狂风落尽深红色，绿叶成阴子满枝”中“绿阴”二字命名此轩。宋元以后，绿阴轩成为彭水县童生会试之处，俗称“考棚”。清代在此基础上建摩围书院，成为彭水县内三大书院之首。中华民国初年，摩围书院改办为县立高等小学堂。新中国成立后，扩建为县立中学。1955年，彭水县委迁入，将此轩改建为会议室。邑人取门楣上“绿阴轩・山谷书”六字镌于崖下，与崖下其他石刻荟萃，形成以绿阴轩题刻、夏中山大德题刻、山静日长题刻、崖迎碧水题刻、卧佛岩题刻、翠谷飞泉题刻、陈帮器题刻、福字题刻、道光残碑等石刻为主的绿阴轩摩崖石刻群。这些石刻上至宋代下至清代，分布于长15米、高8米的石壁上，共计20多幅。有着众多石刻的石壁隐在一个天然石穴的内侧，风雨皆不能侵蚀，故大多石刻虽然历经数百年却依然保存较为

图 4-2-1

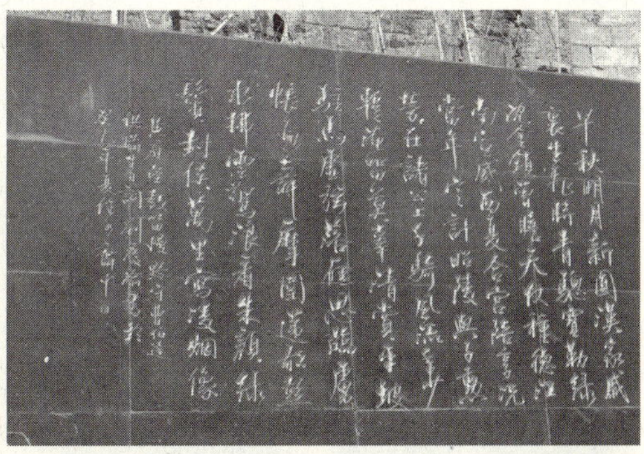

图 4-2-2

图 4-2-3

完好。《彭水县志》《彭水风物》《涪陵地区文物志》等刊物上有过介绍，《书法报》2006年10月25日第43期《乌江题刻》也有过专章描述。

1983 年，彭水县人民政府将绿阴轩列为县级重点文物保护单位。1984 年，彭水县文化主管部门又将“文革”中毁坏的钟莲“寿”字重刻于崖下巨石上，与相邻的刘全初红军渡石刻相互呼应，连接成片。绿阴轩石刻群遂成为集历史文化和革命传统教育于一体的乌江摩崖石刻人文景观。①

（1）黄庭坚书法石刻。②绿阴轩摩崖石刻中历史最为悠久的是北宋诗人、书法家黄庭坚谪居彭水时的手迹“绿阴轩·山谷书”六字，竖排楷书阴刻，保存较为完好。据考证，此六字刻写时间在1095—1098年期间，距今已有900多年的历史。黄庭坚系宋代书法的“四大家”之一，他的行楷，用笔瘦劲，结体上，中宫收紧，四边纵势，形成雄劲而奇崛之势。

据记载，黄庭坚在彭水期间的书法当在不少，除了绿阴轩摩崖题刻“绿阴轩·山谷书”外，其他却漫没无迹。清道光年间，县城居民在小北门掘得一块石碑，上书“杨皓明淑棐子修自城西来，会于石间。涪翁题”，“文革”时毁失，现仅存照片。据《碑目考》载：“鲁直谪黔，有‘涪翁晚策杖，至此观江涨，雨余天欲凉’十五字墨迹，在嘉禾堂。”可惜清光绪元年时已不存。后重刻涪翁观涨图于广场，留待后人观摩。2000年，在县城十字街修建广场时，出土一通南宋摩崖石刻，据黔州知州郭蒉记载，彭水县政府附近有黄庭坚所书“飞来峰”题刻，可是并未露其尊容。现唯一幸存的绿阴轩题刻，亦可观其风采。

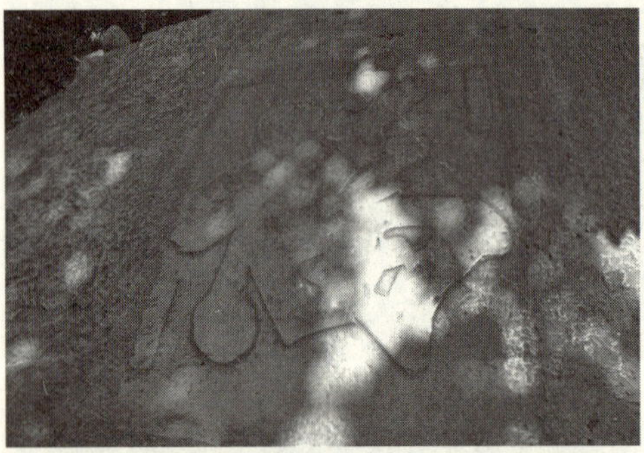
图 4-2-4

图 4-2-5

（2）钟莲书法石刻。③钟莲题刻原在彭水县城东门半坡巨石上，紧靠汉葭镇第一小学围墙之后。“寿”字为1.57米×1.23米，落款为“钟莲书”三字，字宽0.08米，均为楷体阴刻。据清同治四年（1865年）《彭水县志》载，此字刻于清乾隆五十三年（1788年）。

①周晏：“黄庭坚与绿荫（阴）轩摩崖石刻”，载《天中学刊》2008年第23卷第1期。
②彭水百科编辑组：《彭水百科》，四川人民出版社1998年版，第111页。
③彭水百科编辑组：《彭水百科》，四川人民出版社1998年版，第110页。

钟莲，字植溪，福建长汀人。举人，乾隆五十二年（1787年）署彭水。据《彭水县志》载，钟莲在位期间，还书有"景行仰止"摩崖、"书香"碑等。

相传，乾隆八十寿辰暨即位六十周年（1795年），举国大庆，彭水县署以全县绅民名义，朱拓此石刻"寿"字一幅，上贡于朝廷。乾隆皇帝见此"寿"字，甚为赏识。有人为贬毁其字，曾以重金贿赂皇帝身边亲信，谓其俗而不雅。乾隆皇帝遂命诏当朝官员各书一寿字，悉悬于展堂。乾隆逐字展阅良久，喟然叹曰："此字（彭水县所贡钟莲所书"寿"字）无懈可击，已写绝矣！"不久，钟莲晋为知府。由此，此石刻声名大振，前往摹拓者不绝，上至成都，下及武汉，长寿老人多喜得此"寿"字拓片悬于厅堂，不少金属技工也将此拓片缩制为小儿项佩或帽额。渝州书裱店铺，曾派专人常往彭水成批拓印，裱为中堂画高价出售。如今灌县二王庙过厅中的"寿"字拓片也是其复制品，足见其书法艺术价值。"文革"期间，"寿"字石刻被毁。彭水县人民政府于1984年11月将原"寿"字拓片复制还原在绿阴轩巨石之上，增添了绿阴轩摩崖石刻的内容，这一带有地方特色的历史文物得以重见天日。

（3）水文石刻。千里乌江是长江南岸最大的支流，水力资源十分丰富。早在春秋战国时期人们就利用乌江及其支流进行军事、社会活动和经济、文化交流。"周慎王五年，蜀王伐苴侯，苴侯奔巴，巴为求救于秦。秦惠文王遣张仪、司马错救苴、巴，遂伐蜀，灭之。仪贪巴、苴之富，因取巴，执王以归，巴、蜀及汉中郡，分其地为三十一县。仪城江州。司马错自巴涪水取楚商于地为黔中郡"，以及楚庄蹻入滇归路被阻事件："至滇池，方三百里，旁平地，肥饶数千里，以兵威定属楚。欲归报，会秦击夺楚巴、黔中郡，道塞不通，因还，以其众王滇，变服，从其俗，以长之"，都说明乌江及其支流作为沟通湘、鄂、云、贵、川五省的重要水上通道，在历史上曾经发挥了巨大的作用。1975年，乌江上游贵州赫章汉墓出土的铜鼓上的船纹、立于船中的人物形象以及乌江上游三岔河的岩壁上发现的蜀汉章武三年（223年）的舟船图像和文字，则说明了乌江上游水运状况历史上比现在要通畅。那么，乌江天险究竟是什么时候形成的，乌江水位曾经发生过一些什么样的变化，就成为乌江航运水利研究的一个重要内容。在彭水长滩乡麻柳村南郁江西岸陷山沱的石壁上，有"道光十年庚寅五月十二大水涨齐字底"石刻，但那仅仅是乌江支流郁江上的水文记录，真正能够表现乌江历史水文变化的记载凤毛麟角。这也许与乌江的艰险和偏僻有关。乌江横跨黔、渝两省市，上游河道中多处出现伏流河，中下游河道受地质活动、自然气候等影响，经常出现山体崩塌，造成河流堵塞改道，水运主要依靠乌江主河道与各支流之间跨省跨地区的联系进行，且沿途多为少数民族区域，一些险滩航运主要依靠熟悉水性的当地驾长或滩师师徒之间口传心授，没有文字系统记载水文或航运的资料。夏中山大德题刻中所记载的乌江洪水标记，作为乌江下游目前发现的最早水文记录，有重要的研究价值。

图 4-2-6

夏中山大德题刻，字大约0.07米×0.07米，楷书，阴刻“大德丁酉，江涨至此。甲辰夏中山书”。

“大德丁酉”即公元1297年。我们不知道这是一次百年不遇的洪水，还是几百年不遇的洪水。结合《水下碑林白鹤梁》、董其祥《历史水文题刻简记》、邓少琴《川江古代航运的开发》等记载川江水文的文献资料，我们发现，元代的水文资料尤其匮缺。因此，夏中山大德题刻意义深远。

（4）其他书法石刻。石刻群中还有横排的“山静日长”“岩迎碧水”“山水清音”，未署作者名号。又有横排的“翠谷飞泉”四字，落款不可辨。这类题刻或是浑厚朴茂，或是空灵潇洒，或是精巧秀逸，各具特色。石刻群中还有典雅秀丽的竖排细楷古诗数章。署名为刘康蔚、吴淮、金曜的几位文人在诗中吟道：

绿阴轩影卧空江，朝听奔涛暮急泷。
怪石千卷留僻蹬，古榕雨树抱虚窗。
飞流沙碛渔灯杂，极目秋云雁影双。
雨过葭城山瘴净，声声邪许逐归艇。
入眼云山若画中，披襟喜纳晚凉风。
焯消野戍飞晴隼，爪印寒沙数落红。
胜迹壮观传旧册，登临文藻属明公。
乘阁携客勾留久，一抹夕阳晚渡红。

环城急水下涪江，到此波声怒激泷。
特立一矶森茂荫，新营几架闲晴窗。
花宫占胜钟飞远，魁阁分辉景得双。
暇日凭栏堪骇目，樯乌如驶捷飞艇。

情怀无限暮云中，静里还听鸟语风。
人喜庇寒依杜甫，我惭赁庑托梁鸿。
此邦彬雅存前哲，入蜀文章重寓公。
俯视沧江身如粟，斜阳倚遍曲栏红。

愧无才藻媲潘江，也许后游听急泷。
山色四围萦画槛，水光三面显虚窗。
古榕荫处真无匹，石燕飞来有几双？
此境信佳非我土，乡心那禁逐归艇。
曲栏环绕敞居中，静纳辟峦四面风。
客到湘准争解佩，人疑洛浦赋惊鸿。
闲携肴核欢清宴，偶集宾朋退自公。
果是晚晴佳景好，西山一角夕阳红。

石穴里有一石横亘，上有横排的“卧佛岩”三字，汉隶阳刻，落款模糊不清。石穴一侧又有横排的“危然大块”4个大字，每字0.4米×0.45米，清晰可读。据史志记载，此四字系清康熙癸未年（1705年）渝州太守陈帮器所书。

绿阴轩摩崖石刻的内容大多与环境密切相关：如“危然大块”4个大字描写的是石穴之上那块貌似岌岌可危的巨大块石的神态；“卧佛岩”三字摹写了石穴之中那状如老僧偃卧的横亘之石的形态；而“山静日长”“岩迎碧水”“山水清音”“翠谷飞泉”等题刻内容，则形象地描写出巍巍摩围群山，滔滔南来的一江碧水——乌江，人文景观和自然景观相得益彰的绝妙景致。数首楷体诗皆以咏绿阴轩为题，描写了几百年前的文人们相聚在此赏美景、抒雅兴的情景：古榕荫蔽下的“绿阴轩影”里，几位朋友在这怪石千卷、水急浪高的乌江之滨，一边静静

图 4-2-7

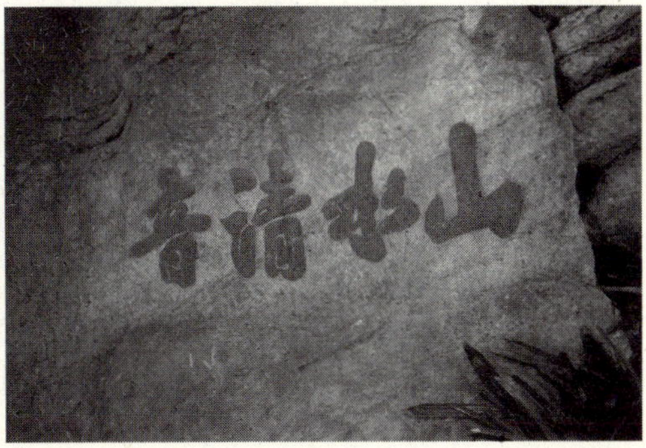

图 4-2-8

图 4-2-9

图 4-2-10

图 4-2-11

图 4-2-12

欣赏“飞流沙碛渔灯杂，极目秋云雁影双”“焯消野戍飞晴隼，爪印寒沙数落红”“山色四围萦画槛，水光三面显虚窗”等大自然美景，一边细细体会因观景而产生的情愫：“情怀无限暮云中”“俯视沧江身如粟”“此境信佳非我土，乡心那禁逐归艇”。

因黄庭坚绿阴轩题刻而得名的绿阴轩摩崖石刻借乌江江岸山石之绝，融多种内容于一体，蕴藏着较为丰富的历史文化内涵；是研究黄庭坚谪黔时期思想变化及黔州历史、乌江水文的珍贵历史资料。

2. 红军渡石刻（图 4-2-12）[①]

红军渡口又名南渡沱口，原来位于彭水县汉葭街道乌江干流右岸，是清代开设的义渡。在江右岸石壁上，镌刻有清咸丰年间彭水正堂题留的“兴设义渡，利济行人，往来过客，不取分毫”。1934年5月6日，根据湘鄂西中央分局的指示，贺龙、关向应率领的红三军来到阿蓬江边，在当地村民帮助下，集中17艘木船，一天渡送了几千名红军和近千匹骡马，奇袭夺取了彭水县城，全歼彭水守军川军21军迈奉纲旅鲜少华营，准备以彭水为中心建立湘鄂川黔边根据地。由于受夏曦“左”倾错误的影响，红军于5月10日被迫渡过了人说“行渔天下路，难过乌江渡”的南渡沱口，踏上了开辟黔东特区根据地的艰巨历程。该渡被群众称为红军渡。1984年，红

①彭水文管所全国第一次文物普查资料，编号：16-E7。

图 4-2-13

军渡口被彭水县人民政府公布为全县重点文物保护单位。次年，四川省军区著名书法家刘全初手书“红军渡”二字，行书阴刻于渡口东岸巨石上。2010年，受彭水水电站蓄水影响，彭水文管所对位于彭水县的红军渡石刻进行了切割搬迁。该石刻现位于彭水绿阴轩摩崖石刻群旁，乌江岸边。

红军渡口作为不可移动文物，为红军行军路线考证提供了珍贵的佐证资料。

3.张飞岈石刻（图4-2-13）①

位于太原镇英光村西2千米的一段石壁上，据考证乃秦代以前所刻，高2.60米，宽2.15米，略呈长方形，有人工雕凿符号一幅，6行，略斜。每行宽0.15～0.45米不等，阴刻，深约0.01米，凿刻符号的凹槽向北倾斜约35°。槽底较为平滑，其宽0.18～0.3米不等，凹陷深0.01～0.03米不等，行距0.23～0.3米。刻画符号所用的槽底总长度约13米，总面积约2.8平方米。凿刻符号没有明显的距离区分，无法准确判断其数量，应在数百个以上。这些符号造型多采用单短直线和弧线，也有折线，除了呈枝状、爪状、蚯蚓状、方形、三角形以外，还有如动物的象形符号，也有如甲骨文、钟鼎文、大篆的符号。其刀工运行，主要有自上而下、自左而右，也有自下而上、自右而左的。据专家考证，既非甲骨文和钟鼎文，亦非大篆、小篆，音义也不可辨识。

由于无法解读所刻符号意义，对这篇石刻就猜测众多，更加增添了它的神秘感。当地流传着这样的谚语：“好个张飞岈，银子在路边；有人识破了，要值万万千。”在张飞岈小溪沟的下段，右岸绝壁的一块箱形岩石，人们就把它说成是张飞的藏宝箱。

此石刻保存完好，是彭水境内保存得最早最完整的石刻，具有较高的研究价值。

①彭水百科编辑组：《彭水百科》，四川人民出版社1998年版，第109页。

4. 马峰岍墨书石刻（图4-2-14）[①]

位于彭水县城南23千米处的乌江右岸新田乡马峰村，相传汉武帝遣伏波将军马援征战时曾带兵驻此。墨迹为楷书，共计47字。“开天辟地有此广（岍），禹疏九河到江边，龙王透彻清霄底，商贾藏居世不迁。万历二十七年孟夏闰四月古渝三峰张云翼题”。

图 4-2-14

马峰岍墨书石刻字迹在史志上从无记载，其字为正楷，笔重墨凝，颇具大家风度。据《彭水县志》记载，古时马峰岍为官道驿站，交通位置十分重要，是川、黔往来的必经之路。并濒临乌江天险，历来为兵家必争之地。从石刻内容上来看，此处明代曾有过商贾云集、过往行人络绎不绝的繁荣景象。彭水自古就是苗族、土家族、汉族杂居之地，这处墨迹的发现，为研究该县古代经济、交通、军事等各方面提供了重要的实物资料。

5. 山王庙摩崖石刻（图4-2-15）[②]

图 4-2-15

位于彭水县郁山镇大坝村1组鸡鸣井后灶河半岩山。该石刻开凿于1654年，题刻“潇谷流丹”四字，双钩行书，字宽0.21米，字距0.06米，

①彭水百科编辑组：《彭水百科》，四川人民出版社 1998 年版，第 106 页。
②彭水文管所全国第一次文物普查资料，编号：269-D4

落款“彭水县令□□□”，原有小路从山上通往山下鸡鸣井，现已废弃不用，被树丛和杂草覆盖而难以通行。该碑刻为研究彭水县清代碑刻提供了实物资料，具有一定的保护价值。

6.梯子岩摩崖石刻（图4-2-16）[①]

位于龙溪镇榔村东南2千米处。石刻开凿于距地面1.47米高的岩壁上，为仿木双檐结构，二柱一开间。龛内造像已毁，石龛基本完好。石龛两侧刻有对联，左为“何须朝南海”，右为“即此是普陀”，横批“普陀者”。字宽0.085米，字距0.05米。此龛左边1.5米处有一小石龛痕迹，依稀可见“道光十三年”字样。梯子岩摩崖石刻为彭水宗教研究提供了实物资料。

图4-2-16

①彭水文管所全国第一次文物普查资料，编号：307-D10。

第五章 武隆碑刻辑要

武隆县位于重庆市东南部，处乌江下游，武陵山与大娄山结合部，自古有“黔蜀门屏”之称，是千里乌江一颗璀璨的明珠。

武隆设治，始于唐武德二年（619年）。据《寰宇记》载：“以邑界武龙山为名”。明洪武十三年（1380年），因与广西壮族自治区一县同名，故改“龙”为“隆”，寓兴旺发达之意，更名武隆县，相沿至今。早在新石器时代（约公元前5000年），江口镇即有土著民族繁衍生息。进入史载时期，春秋时武隆为巴国属地，战国时属楚国黔中地，秦分四十郡时隶属黔中郡（治今常德市）辖。西汉分十三刺史时属巴郡涪陵县（治今彭水县郁山镇）辖。蜀汉延熙十三年（250年）于白马镇（一说鸭江镇谷雨涧）置汉平县。唐武德二年置武龙县（今土坎镇五龙村）。明洪武十三年改武龙县为武隆县。清康熙七年（1668年）武隆县并入涪陵，改置武隆巡检司，治所在巷口镇。嘉庆七年（1802年）改武隆巡检司为武隆分州。中华民国二年（1913年）改武隆分州为武隆分县。1949年11月21日武隆县解放，12月5日，武隆县人民政府成立，驻地巷口场，隶川东涪陵区行政专员公署。此后公署虽几易其名，但隶属关系未变。1997年6月18日，重庆直辖市成立，武隆县全境划归重庆市，为市管县体制。

现该县属重庆外环经济带，处于重庆“一圈两翼”的交汇点。武隆县东邻彭水县、酉阳县，南接贵州省道真县，西靠南川区、涪陵区，北与丰都县相连。截至2013年，辖区面积2901.3平方千米，辖26个乡镇共187个行政村。2010年第六次人口普查，武隆县常住人口为35.1万人（户籍人口为41万人）。民族众多，有汉族、苗族、土家族、仡佬族等13个民族。

武隆地貌奇特，自然资源丰富。在亚热带季风性湿润气候影响之下，年平均气温17.2℃，降水1065.2毫米，日照1068.5小时，常年气候温和，雨量充沛，四季分明。境内河流众多，流域面积在50平方千米以上的大、小河流13条，均属乌江水系。武隆县环境宜人，风景秀丽，集大娄山脉之雄、武陵风光之秀、乌江画廊之幽，被誉为世界喀斯特生态博物馆，是全国9个同时拥有世界自然遗产、国家5A级旅游景区的地区之一。

存留至今的丰富的文物资源见证了武隆县灿烂的历史文明。1981年四川省和1997年重庆市文物考古工作者对武隆文物进行普查、发掘、收集、整理和鉴定，共查出文物点680多处。从年代和类别看，有三万年前的动物化石，如剑齿象、犀牛、大熊猫等化石；有新石器时代的石斧等；有商、周、春秋战国及秦汉时期的陶器、铜器和墓葬遗址；还有唐、宋、元、明、清及近现代以来的各类建筑、桥梁、石刻、家具、书画等。从2007年开始至2012年结束的武隆县全国第三次文物普查工作，普查登记各类不可移动文物1563处，其中发掘了大量碑刻文物。

武隆县碑刻、石刻数量众多，类别多样，独具特点。

（1）碑刻内容丰富多样。武隆碑刻包括墓碑、路桥指示碑、文人书法碑、政策族训碑、旌表碑和语录碑等在内的多个类别。墓碑是碑刻中所占比重最大的类别，收集到的墓地的修建年代多集中于清代，少有唐代、明代之墓。本文选取13处具有代表性的墓碑进行展示。其中最具代表性的是唐代高官长孙无忌墓，因其年代久远、文化研究价值极高，已被列为重庆市文物保护单位。

（2）民族特色浓郁。武隆碑刻具有浓郁的民族特色，如墓碑中大量出现的夫妻合葬墓墓碑。夫妻合葬这种葬制反映了人们的情感意识，是人间爱情婚姻关系借助于灵魂观念的延伸，是古时专偶婚姻现象，生前为夫妇，死后愿同穴而居，继续做夫妻。同时，合葬更重要的是反映出武隆民族特色与该区域强烈的夫权观念。且墓碑之碑文非情意浓浓，大多为正统、严肃地表达夫妻、家族尊卑，以及日常生活场景。

（3）碑刻文献价值较高。武隆受地理位置、民族构成等多方面影响，所拥有的文化考古等资料有限。碑刻作为一种不可移动文物在很大程度上是武隆地区的时空坐标，是武隆地区文化的重要载体，因此具有珍贵的文献价值。如路桥指示碑中最具影响力的黔蜀门屏界碑。该碑位于川黔古道上，化解了两省边民长久以来的边界冲突，民众因此和睦相处。所以它不仅是区分行政管辖地域的界石，还成为展示汉族、苗族、仡佬族等千百年来和谐共处的象征，在武隆县行政管辖历史上意义重大。

第一节 碑刻

一、墓碑

1. 长孙无忌墓（图 5-1-1）

长孙无忌墓，为唐初重臣长孙无忌的墓冢，位于江口镇乌江北岸岐山南麓乌江村六组一块台地上。北面靠山，南临乌江，地势平缓。原墓冢为圆锥形大土堆，占地三亩，有亭台楼阁，墓前竖有石碑、石狮、石马、石龟，铺有神道，沉郁森严，人称“皇坟”“天子坟”。

历代多有官吏、诗人前来凭吊，赋诗竖碑，当地富豪还捐置田产，作为祭祀经费。中华民国年间无人管理，建筑物和墓冢遭受严重损毁。据了解，过去墓前曾有石翁仲，今已不存，现仅有明清时期的墓碑与诗文碑，字迹多已模糊。20世纪80年代，党和政府拨款进行维修，现已基本恢复原貌。

现存长孙无忌墓，呈圆锥形，直径为30米（包括走道2米），封土高5.75米。墓前竖有3块石碑，是收集原有碑刻所得。一块为明朝年间所建的“唐太傅长孙无忌之墓”碑，高1.5米，宽0.73米，厚0.12米；一块为清乾隆十一年（1746年），彭水县邑建立“唐长孙无忌墓”碑，高1.12米，宽0.49米，厚0.1米；一块为清咸丰十一年（1861年）建立的“长孙公墓诗”碑，高1.55米，宽0.7米，厚0.9米。2000年，重庆市人民政府将其列为重庆市文物保护单位。[①]

图 5-1-1

①武隆县文物管理所：《武隆县文物志》，巴蜀书社 2012 年版，第 116 ~ 117 页。

2. 黔州刺史蹇修行夫人蔺氏墓志铭（图 5-1-2）

蔺氏墓位于江口镇罗州坝南端土坝中心，为唐代土坑墓，墓坑深约2米，棺木与遗骨已腐烂，呈污泥状。在污泥附近平放边长为0.41米的墓志铭一方，由上下两块石板扣合而成，厚0.07米。在扣合的两块石板的中心及四角各垫有“开元通宝”铜钱币3枚。

经武隆县文管所考证，该墓志铭刻于唐宣宗李忱大中十二年（858年），距今已有1100多年。[①]

黔州刺史蹇修行夫人蔺氏墓志文

江口镇罗州坝土坑墓墓碑

黔州刺史蹇公夫人西河蔺氏墓志铭并序

公讳修行，涪州武龙人。祖□武龙令，父逸，涪州司

袍绯鱼袋。夫人年十六□蹇氏，孕育男女各七人。

□適郭氏再□而夫殁，□于家，其□□曰楚用曰

汉用越亚汝燕尧□皆以□□名虽出自侄娣

□子之是以螽斯化行，□则百之美哉。为德备□

□之夙事父母舅姑，以孝敬谨慎闻于□。亲振□

□垂休内范，□以动遵慈训，非法不□。每在公□

□□□人怀禀惧。中外庄□，无娩于心。异祥未□

□不宋。享年五十有四，以大中十年九月七日终

涪陵府诸宫乡九思里之私第，权窀穸兹别业。十

二年戊寅岁十月十二日□□□黔州信宁县□

月十五日壬寅祔于夫蹇修行茔。时蹇公刺史□

□秩，未几卷事。自初八日□孀女涸然躬执器

率尽□虽□先曹娥公是过也，将行鬒髮弃服

涕见父□琅琊惠权请乃其莫权以夫人称□先

皆丈人行也，不敢有让，乃铭曰：萧雍和鸣，克嗣克

昌。踯躅贞姿，如玉如金。有子七人，实慰母心。孀女逢

□□故林亭苑原，树以松榎。寒月沉影，沧江之下。

□□□书

图 5-1-2

3. 响塘生墓墓碑

响塘生墓位于白云乡红云村白树垭小组，修建于明天启三年（1623年）。该墓雕刻精美，形制独特，拥有武隆县目前已知的唯一的墓室壁画。

墓坐西朝东，由条石围成长方形封土，二重檐仿木石结构，四柱三开间，进深5米，宽3.7米，高3.4米。两檐间开龛，宽1.02米，高0.39米，书“天启三年季春月吉旦”　“乡耆杨登元立”，中部刻四字“行胜独钟”，下檐额枋饰浮雕二龙抢宝。墓室门双扇对开，墓廊南壁有墨绘鹿，墓门饰团花、鹿、麒麟吐瑞等图

①武隆县文物管理所：《武隆县文物志》，巴蜀书社2012年版，第112页。

案，并刻楹联“水秀山明多福多寿多男子，地灵人杰中魁中甲中三元”，外接八字护墙。[①]

4. 孟荣姑墓墓碑

为明代碑刻，被土坎镇五龙村农民熊世模在耕地过程中发现。该墓碑系石灰石，高0.62米，宽0.59米，厚0.16米。四周錾有花纹，阴刻，刷金。碑眉上题名为“孟女荣姑墓志铭”，正中铭文17列，共238字，字0.02米×0.02米，字距0.005米。从铭文中可知，荣姑系武陵县明代隆庆年间知县爱女，不幸死于痘麻，年仅七岁。铭文言辞痛切，为其父亲所撰，字体厚重质朴，为其兄手书。[②]

5. 曾启仲、曾俊神道碑（图 5-1-3、图 5-1-4）

曾启仲、曾俊神道碑又名大碑，位于白马镇板桥村青龙小组，坐西向东。

曾启仲夫妇、曾俊夫妇系清道光年间湖南提督曾受的祖父母和父母，两对夫妇均被诰封为武功将军、二品夫人，分别于清道光二年（1822年）及道光四年（1824年）建立神道碑。曾受曾回乡祭祀。[③]

曾受，原名月光，武隆县长坝镇人，粗识诗书，酷爱武略。少时，力能举鼎，臂力过人，乡邻望风皆避，常出没于赌场集市，放荡不羁。及长，家资耗尽，一贫如洗，贫病交迫中，其父病死，停尸数日，无力安葬。舅父冉氏闻讯，解囊相助，嘱其安葬。曾受持钱却奔赌场，瞬时输光，无可奈何，潜回家中，趁天色未明，将父尸以稻草包而葬地。此后，流落江湖，沦为乞讨者和佣人。

图 5-1-3

图 5-1-4

清嘉庆年间，西北少数民族纷纷举旗反叛，征战不息。为平息动乱，清廷举国

①武隆县文物管理所：《武隆县文物志》，巴蜀书社 2012 年版，第 120 ~ 121 页。
②武隆县文物管理所：《武隆县文物志》，巴蜀书社 2012 年版，第 112 页。
③武隆县文物管理所：《武隆县文物志》，巴蜀书社 2012 年版，第 171 页。

传书征兵，曾受应征入伍，踏上戎马生涯。由于战功累累，一时名声大噪，至嘉庆二十二年（1817年）由士卒提升为甘肃省永昌协副将。道光二年（1822年），曾受又升为湖北郧阳镇总兵，五年后再次提升为湖南提督，其后，又带军功加三级军功，名噪一时。清王朝为表彰其功劳，诰封其祖父曾启仲、父曾俊为武功将军，祖母贺氏、母冉氏为二品夫人，并在川黔要道上树神道碑。①

6. 张家坡萧氏家族墓群墓碑（图 5-1-5）

张家坡萧氏家族墓群位于火炉镇万峰村，修建于清道光十四年（1834年），分布在长50米、宽10米的范围内，均坐北向南。该墓群的发现及保护对于研究武隆县当地族群形态、葬制沿革等方面提供了比较可信的实物资料。墓群因多年风化及年久失修，造成三座墓碑墙均有风化痕迹，局部碑文不清晰。

图 5-1-5

（1）萧陈氏三室墓。条石围成椭圆形封土，进深6米，宽4米，高3.8米，三檐歇山式，顶为笔架形，上檐下开龛，宽0.55米，高0.87米，中竖刻“清应诰节孝显妣萧母陈氏大人正性之墓”及“道光五年乙酉建立”“咸丰六年辛亥”，附龛刻“故继妣萧门杨氏正性之墓”“故显妣萧母周氏孺人之墓”，梁下刻有花纹。

（2）萧永国马氏墓。条石围成椭圆形封土，进深6米，宽5米，高4米，三檐歇山式仿木结构，顶为笔架形，刻“寿”字，上檐下开龛，宽0.6米，高0.94米，顶横刻“圯岵长檐”，中竖刻“显考萧公永国老大人二位正性之坟墓”“显妣萧母马氏老孺人二位正性之坟墓”，左、右竖刻“道光叁拾年庚岁秋九月望八日吉立”，对联“□可承先心自先远、□□□遗联段偏隆”，横梁下刻树枝及窗户。

①武隆县文物管理所：《武隆县文物志》，巴蜀书社2012年版，第192～193页。

图 5-1-6

（3）萧文玉墓。条石围成椭圆形封土，长6米，宽4米，高3.5米，三檐歇山式仿木结构，顶为笔架形，刻“寿”字，上檐下开龛，宽0.9米，高0.9米，顶横刻“贵厚流芳”，中竖刻“清待赠显考萧公讳文玉老大人二位正性寿藏之墓”“清待诰显妣萧母邹氏老孺人二位正性寿藏之墓”，左竖刻“道光十四年”，横梁上刻双凤朝阳浮雕。①

图 5-1-7

7. 李才仁夫妻合葬墓墓碑（图 5-1-6 ~图 5-1-8）

李才仁夫妻合葬墓位于巷口镇青吉村棕树湾小组，修建于清道光元年（1821年）。李才仁墓结构稳固，形制完整，保存较好。

图 5-1-8

该墓坐南向北，条石围成长方形封土，长5米，宽3.2米，高3.1米。三檐歇山式仿木石结构，顶为笔架形，檐上为龙头鱼尾神兽，上檐下开龛，深浮雕双狮，雕刻技艺精湛，中竖刻“□□□讳才仁号荣□李公老大人、李母雷孺人墓”，因年久风化，部分碑文模糊不清，右竖刻“皇清道光元年季夏月”。横梁浅浮雕人物戏图、鱼、牌楼，四柱三开间，中柱浮雕人物，墓门上浮雕瑞兽，前接八字护墙，圆雕石狮。前6米为双檐歇山式牌坊，通高4米，宽6米，顶为笔架形，刻“寿”字，内侧檐下为扇形图，阳刻“人杰地灵”，阳雕双凤朝阳图案，附龛均刻有花卉、人物戏

①武隆县全国第三次文物普查资料，2009 年，编号：500232-0383。

图，外侧柱上有对联，上联“佳城肇起文明运”，下联“窀穸宏开富有基”，阳刻行书，其中上联的“明”、下联的“有”为草书。外侧龛横刻“丙山壬向”“厚叠声翠”，附龛浮雕人物、鱼，门内刻双象鼻，牌坊柱上有夹柱石，前有阶梯踏步。①

8. 霍世臣夫妻合葬墓墓碑（图 5-1-9）

霍世臣夫妻合葬墓建于清道光十年（1830年），位于石桥乡贾角村杉树坪小组土龙桥。坐西南向东北，条石围成长方形封土，石砌双室夫妻合葬墓，三重檐仿木石结构，进深3.4米，宽2.4米，高3.7米，弧形顶，上檐下开龛，宽1.03米，高0.58米，中竖刻“皇清待赠显考世臣霍公老大人墓”“显妣霍母戴氏老孺人之墓”，落款“道光十年”，左右刻双狮，有朝门两道，均高3.1米，宽1.55米，上刻花卉、动物、人物图案12幅，顶上龛刻“生意宛然”四字。②

图 5-1-9

霍世臣夫妻合葬墓结构稳固，形制完整，保存一般，墓体表面字迹比较清晰。该墓在“文革”时受到了严重的破坏，后未及时修复，造成图案被人为损毁。

9. 邓德富夫妻合葬墓墓碑（图 5-1-10）

图 5-1-10

邓德富夫妻合葬墓位于浩口苗族仡佬族乡三汇村，修建于清咸丰七年（1857年），坐北向南，条石围成长方形封土，进深5米，宽2.5米，高3.2米，三檐仿木结构单室墓，顶为笔架形，浮雕罗汉图、祥云，上檐下开龛，龛宽0.53米，高0.81米，内设牌

①武隆县文物管理所：《武隆县文物志》，巴蜀书社 2012 年版，第 120 页。
②武隆县文物管理所：《武隆县文物志》，巴蜀书社 2012 年版，第 119 页。

楼式灵位，中竖刻“清待赠显考邓德富，显妣邓陈氏双寿墓”，右竖刻“咸丰七年”，左竖“建师蒋万龙”，楹联“聊捧一坯土，且安千古灵”，附龛横刻“钟灵毓秀”，楹联“子山吉荣穴，午向富贵长”，墓门楹联“忠厚留余穴，成仕多可宽”“日月光天然，山河壮地居”，前有八字护墙，墓前有拜台。①

该墓现存部分结构较稳定，形制较完整，保存一般，因风化、腐蚀严重，碑文部分字迹已模糊不清。

10. 堡上樊君洪夫妻合葬墓墓碑（图 5-1-11）

堡上樊君洪夫妻合葬墓位于文复苗族土家族乡，修建于清光绪二十三年（1897年），坐东南向西北。由条石围成长方形封土，三檐歇山式，四柱三开间，进深4.5米，宽3.3米，高3.7米。“山”字顶，上檐宽0.8米，高0.45米，右竖刻“龙飞光绪二十三年”，横刻“万古佳城”，下龛宽2米，高0.48米，被中柱分为两小龛，左龛中竖刻“皇清待赠显考樊公讳君洪老大人墓”，右龛中竖刻“皇清显妣樊母易氏老孺人墓”，墓门上刻花瓶图案，楹联“百世流芳远，千里富贵长”“千里来龙穴，万代子孙兴”，具有一定的历史价值和艺术价值。②

图 5-1-11

该墓部分结构较稳定，形制较完整。由于暴晒与雨水侵蚀，年久失修，以及周围当地居民活动产生的生产和生活污染物，对墓造成了不同程度的损毁，墓碑表层风化且呈片状剥落。

11. 冉龙宇夫妻合葬墓墓碑

冉龙宇夫妻合葬墓位于沧沟乡，修建于清光绪三十二年（1906年），坐北向南。该墓由条石围成长方形封土，三重檐仿木歇山式，四柱三开间。墓长6米，宽

①武隆县第三次全国文物普查资料，2009 年，编号：500232-0632。
②武隆县第三次全国文物普查资料，2009 年，编号：500232-0591。

3.4米，高3.2米。冠顶为圆弧形，上檐长1.5米，中檐长3.2米，下檐长3.4米，上檐下开龛，宽0.7米，高0.83米，顶横刻“长发其祥”，中竖刻“□□□龙宇冉老大人王氏罗氏老孺人正性墓”，右竖刻“光绪叁拾贰年丙午岁腊月初一日立”，附龛有扇形图案及花草，墓门及额枋雕有花草，前有八字护墙。①

该墓由于封土上长满杂草和青苔，对石质墓体形成了生物破坏及污染，常年的雨水及大风对墓体造成了不同程度的侵蚀，以及年久失修，墓碑中檐部分断裂，字迹不清楚。

12. 黄九银之母墓墓碑（图 5-1-12、图 5-1-13）

黄九银墓修建于清光绪二年（1876年），位于庙垭乡云丛村大石坝小组，坐东南向西北。该墓围墙长17米，宽10米，三重檐仿木歇山式，四柱三开间，冠顶为弧形，翘檐雕刻双龙，草书“福禄”和变形“寿”字图案，上檐下开龛，神位采用透雕手法，长1.55米，高0.78米，刻“显考黄公讳九银母陆氏老大孺人墓”，神位刻“永碧湖灯”，两侧刻楹联“龙蟠凤翥卜云其吉，地灵人杰长发其□”；额枋浮雕人物故事，“春游芳草地”“夏赏绿荷池”“秋饮黄花酒”“冬吟白雪诗”，墓门中柱浮雕“丹凤戏牡丹”，楹联“佳城唯翠固，大地永钟灵”，外接八字护墙，八字护墙刻戏剧人物20多人，外侧有两狮，刻“光绪二年丙子岁孟冬月□□”；墓前石供桌长1.2米，宽0.52米，高0.69米，饰布围，石凳长2.57米，宽0.33米，高0.43米。该墓规模较大，具有较高的雕刻艺术价值及书法艺术价值。②

图 5-1-12

图 5-1-13

①武隆县第三次全国文物普查资料，2009 年，编号：500232-0386。
②武隆县文物管理所：《武隆县文物志》，巴蜀书社 2012 年版，第 121 页。

13. 红军坟墓碑（图5-1-14）

红军坟位于双河乡新民村坨田三重堂右侧，修建于1970年。

该墓坐东向西，由乱石围成封土，进深2.9米，宽1.7米，高1.8米，占地15平方米。单檐，墓前立碣一方，高1米，宽0.68米，碣上刻“四川省第二路红军炊事员许绍虞同志之墓”，建墓时间“公元一九七零年十二月”。并刻有对联“为有牺牲多壮志，敢叫（教）日月换新天”，横联“永垂不朽”，字宽0.08米，字距0.02米，为阴刻楷书。[①]

图 5-1-14

许绍虞小名许毛，涪陵区罗云乡兴隆村人，1930年农历三月六日参加四川工农红军第二路游击队，任劳动员（炊事员），随红军队伍转战来到仙女山。同年农历三月二十五日，红军与民团在坨田激战转移时，他因菜刀忘在部队驻扎的地主大院厨房，便孤身潜回拿取，刚跨出大门就碰见一群国民党兵，许绍虞手持菜刀奋力拼杀，终因寡不敌众英勇牺牲。国民党兵残忍地将其头颅割下，带去坨田掷在粪坑里，躯体弃在路旁。闻讯返回支援的红军主力部队和当地百姓将其头颅找回，与躯体一并葬在坨田大路旁。新中国成立后，双河乡人民政府为其竖立纪念碑。[②]

二、路桥指示碑

1. 黔蜀门屏界碑（图5-1-15）

位于白马镇车盘村四合小组海拔近1600米的森林中的川黔古道上，距武隆县城 50 千米，系当时川、黔（今渝、黔）两省市的界碑，当地群众称之为“大碑”。

图 5-1-15

①武隆县第三次全国文物普查资料，2009 年，编号：500232-0779。
②武隆县文物管理所：《武隆县文物志》，巴蜀书社 2012 年版，第 132 ~ 133 页。

该碑刻于清光绪二十八年（1902年），坐西北向东南，为高2米、宽0.84米、厚0.12米的长方体石碑。碑上阴刻行楷 “黔蜀门屏”四字，笔力遒劲，气势雄浑，字宽0.42米，字距0.07米，题“知贵州遵义府正安州事蜀□郎承谟谨诚并书”，落款为“光绪壬寅年百夏月中浣谷旦”，字宽0.06米，字距0.02米。①

据《武隆县志》记载，这块界碑的所在地，是古代川（现重庆）黔边区的通道之一，旧时川黔边区人民因边界纠纷发生摩擦，事端频繁。清光绪二十八年，重庆丰都籍的贵州知州郎承谟，以川黔两省睦邻为重，在川黔边上的白马大山上，树碑立界，界北属四川，界南属贵州，以解决边界纠纷，当即得到了川黔边区人民的一致拥护。此碑不仅是区分行政管辖地域的界石，还成为展示汉族、苗族、仡佬族百年来和谐共处的象征。

树立此碑者郎承谟，号希辅，字定斋，祖居丰都城西。幼时课读，成绩拔萃。15岁参加科举考试，1890年举乡试，1891年中进士，1893年入翰林院庶吉士，1894年授户部主事，后为照顾亲老调至贵州任抚院暨善后局文案。由于郎承谟谨慎廉洁，善听讼，不刑讹，享有“神君”称号。1902年，又补授正安州知州。为调解仲裁建立“黔蜀门屏”界碑，以此化解了边界冲突，两省边民因此和睦相处。任职期间设书院讲学，数年使正安之风丕变，后调至遵义县，一如治正安之法。又因安抚“温水教乱”，平抑“丙姝大变”，朝廷以功赏戴花翎，擢知府古州厅同知，调犁平府知府，旋加三品衔，以道员用继调平越州任知州，政声益著。令署大定府，因扶母柩归故里，未予上任。后见清政府日渐腐败，遂在家筑楼莳花，终年48岁。②

图 5-1-16

2. 曹家剑桥六棱碑（图 5-1-16）

位于凤来乡临江村店子小组大桥，建于清道光十七年（1837年），仿木石结构，双重檐，通高6.5米，碑体顶部雕刻石狮，上檐边宽0.6米，下檐边宽1米，下

①武隆县第三次全国文物普查资料，2009 年，编号：500232-0816。
②武隆县文物管理所：《武隆县文物志》，巴蜀书社 2012 年版，第 193 页。

檐每棱边宽0.53米。碑体六面镌刻有关于修补曹家剑桥与道路的募捐人的姓名，碑刻左侧刻有“咸丰九年仲春月下浣培修”“同治九年培修”“道光十七年仲春月吉立”，此为维修大桥与道路以及立碑的时间。[①]

3. 龙溪大路碑

位于火炉镇车坝村龙溪约3千米的黄葛树旁。碑高1.15米，宽0.76米。此碑是在龙溪大路修建竣工时所立，集资修路者有百余人，碑文描述了此前道路艰险阻塞，百姓筹资修缮后，道路变坦途。

碑文大意为：泥石茨草填塞道路，上下行走艰难，人人嗟叹不已，我等集资修筑，平坦道路，功完告竣，刻石刊碑，以彰众善。[②]

4. 中村四座桥碑

平桥镇中村利济桥、曲家桥（三元桥）、矮高楼（同乐桥）、高高楼（同善桥）四桥复建于清道光九年（1829年）冬月，竣工后，立此四方碑。碑高1.8米，宽0.7米，上无碑顶，下有碑座。此碑树立于平桥镇南坪村滚堕子。

碑文大意：壬午仲夏，一时洪水横流，沟壑满盈，四桥均被吞没，行人往来，无法通行。特结善募缘，四桥俱成，勒石刊碑，以资永垂！[③]

5. 万寿桥桥碑（图 5-1-17）

万寿桥位于白马镇车盘村四合小组，建于清乾隆四十八年（1783年），曾是黔、蜀交通要道。此桥呈南北走向，为单孔石拱桥，桥长25米，宽4米，高8.7米，跨度7.3米，拱高7.8米，桥面用石板铺成。桥南面立有桥碑，高0.45米，宽0.4米，顶横刻桥名“万寿桥”，下刻“永垂不朽”“乾隆四十八年”，均为阴刻楷书。[④]

图 5-1-17

6. 白马万卷书鸟道碑

白马万卷书鸟道碑位于白马镇茅草坪至万卷书。这里曾是一

---

①武隆县文物管理所：《武隆县文物志》，巴蜀书社 2012 年版，第 123 页。
②武隆县文物管理所：《武隆县文物志》，巴蜀书社 2012 年版，第 169 页。
③武隆县文物管理所：《武隆县文物志》，巴蜀书社 2012 年版，第 169 页。
④武隆县文物管理所：《武隆县文物志》，巴蜀书社 2012 年版，第 124 页。

条羊肠小道，坎坷难行，清道光八年（1828年）商民们集资扩修整治，变为商旅通行大道。竣工后，在观音沟手扒岩树立了一块碑刻，记整治原委。该碑高0.74米，宽0.52米。碑文大意为：此路甚险，倘若失足，轻则破离，重则丧命。商界视此惨情，自募捐款。①

7.白云万古碑

位于白云乡共和狭沟。此地山高谷深，悬崖壁立，通行异常艰难。土著居民进出大沟，全靠攀行。后修出一条人行便道，便道陡处架梯，险处吊藤，即使习惯山行的人，到此也心惊胆战。

清道光十六年（1836年）秋，地方大户苦不堪忍，才聚首商讨，募化钱财，雇工改道。前后共募百余金，历时三个多月，改成通行大道。从此，进出可以肩挑背负，远可通达南川、涪陵。为纪念此事，立下了这块石碑，碑上刊刻“万古碑”三字。碑现立于白云乡红云村石梯沟的大洞河边。②

三、旌表碑

1.白马节孝牌坊（图5-1-18）

位于白马镇三溪村牌坊小组，建于清雍正二年（1724年）。坐西向东，为石质仿木三重檐结构，歇山式顶，四柱三开间。

据原档案记载，顶龛嵌有“圣旨”二字，刻有“雍正乙卯孟春告占”；中龛嵌有“天承德顺”四字，刻有“彭长春杨氏节孝牌坊”碑文。浮雕龙凤、花卉、人物等图案。牌坊造型美观，结构紧密，雕工精细，“文革”中已部分被毁。牌坊原高7米，现最高2.8米，原宽5.2米，现最宽3.7米，厚0.35米。节孝牌坊对于研究当地建筑形制、基层行政区域划分以及石雕工艺等具有一定价值。③因渝怀高速路施工，工程弃土造成牌坊大部分被掩埋，仅有上部右侧小部分暴露于外，破坏十分严重。暴露于外部

图5-1-18

①武隆县文物管理所：《武隆县文物志》，巴蜀书社2012年版，第168页。
②武隆县文物管理所：《武隆县文物志》，巴蜀书社2012年版，第168页。
③武隆县第三次全国文物普查资料，2009年，编号：500232-0829。

分，因风化而受损较严重。

2. 宋坪节孝牌坊（图 5-1-19）

位于凤来乡宋坪村堰塘湾小组，建于清光绪十七年（1891年）。坐西向东，三重檐仿木石结构门楼，四柱三开间。通高6.5米，面阔6米。第三层中部阴刻“圣旨”二字。坊门左右有对联，横额阴刻“节励冰霜”四字。该牌坊整体完整，文字清晰。①

图 5-1-19

四、政策族训碑

1. 平桥白鱼渡布告碑

位于平桥镇白鱼渡口。渡口古为义渡，清嘉庆二十一年（1816年），当地人置有田产房屋，后因经费短缺，船损渡废，后又置船开渡。清嘉庆二十三年（1818年），在渡口树立布告碑。碑为四方碑，高2.8米，宽0.8米。碑顶有一石狮，碑身四周有4根碑柱，碑上刻有“署四川重庆府涪州事梓潼县正堂加三级记录十次”的晓谕，晓谕规定：行人过渡，不取分文；凡红白喜事过渡，要有祭江礼，无祭江礼者索取一百二十文。过渡牛马，每只十三文。凡往来行人，随到随渡，但不可受贿私渡。仰各凛遵勿违！②

据调查，碑刻由南邑庠生张翼轩撰写。

①武隆县文物管理所：《武隆县文物志》，巴蜀书社 2012 年版，第 128 页。
②武隆县文物管理所：《武隆县文物志》，巴蜀书社 2012 年版，第 170 页。

图 5-1-20

图 5-1-21

2. 羊角永定成规碑（图 5-1-20）

清道光七年（1827年），特授四川重庆府涪州正堂，为了制止行船搬运混乱而立下规制，规制刻在石碑上，树于羊角镇搬滩炸药仓库的坝墙上。

永定成规规定：

凡上下货船，经过此滩，船小载轻者，应听客商，船户自便，可以直下。勿需（无须）搬运者，力夫等不得阻止，借端滋事。倘若船大载重，难以直下，必须搬滩者，客商按货物轻重及里程远近，给予脚价力资，总甲人等不得故为刁难。自示之后，倘有不法之徒，或因该船勿须（无须）搬滩，而强行阻截，抑或必令搬滩，又不及时搬运。借以勒索钱财，由客商、船户指名具禀，本州岛以此为凭，差拿究办，各宜凛遵勿违。

据传，永定成规是乡民肖平章、田仕兴、兴文寿等人苦于滩霸横行，禀请涪州正堂，州府因此而下谕定规。以此晓谕羊角总甲、地主、号房、力夫，从此滩纪井然。

五、语录碑

马大塘毛主席语录碑（图 5-1-21）

位于鸭江镇保禾村新桥小组。语录碑宽0.89米，高2.4米，厚0.2米，梯形顶，内浮雕五角星图案，图案下刻毛主席语录“对于农村的阵地，社会主义如果不去占领，难道可以说，既不走资本主义的道路，又不走社会主义的道路吗？毛泽东”，碑文清晰可辨，楷书，阴刻，文字竖向排列，字宽0.09米，字距0.06米。[1]

①武隆县文物管理所：《武隆县文物志》，巴蜀书社2012年版，第134页。

第二节 石刻

1. 李进士故里石刻（图 5-2-1）

位于武隆县城东15千米，江口镇下街芙蓉江与乌江汇合处左岸岩壁上。海拔高185米。石刻凿于清光绪二十六年（1900年），至今已有110多年的历史。

石刻錾凿于长22米、宽6.5米的长方形岩壁上，石刻总长21米，宽6.2米，为阴刻颜体正楷。有序言10行，388字，跋2行半，80字，记述李进士一生事迹。“李进士故里”5个大字每字高3.17米，宽2米，笔画最宽达0.36米，深0.11米，字体匀称工稳，苍劲厚重，二三里之外，清晰可辨。[①]

这一摩崖石刻的主要内容是记述清光绪年间进士李铭熙的业绩。李铭熙，字左卿，江口人氏，光绪十九年（1893年）中进士，官至户部浙江清吏司主事。戊戌变法失败后辞官返乡，为民兴利除弊，建学堂、兴考棚、置义渡等，深受当地人民爱戴。光绪二十三年（1897年）受聘至四川犍为县，卒于任所。为缅怀其业绩，于光绪二十六年由江口汛署事周总爷为首募资，邵建侯撰文书碑，黔江许永洪率士民刻字修建。该石刻字迹端庄雄伟，苍劲有力，为乌江流域罕见，具有重要的历史价值和书法艺术价值。

图 5-2-1

2. 三潮灵水石刻（图 5-2-2）

位于火炉镇徐家村坨田小组三潮水。在三潮水泉洞的右侧岩壁上，有泉水名，曰“三潮灵水”，四字从右至左排列，右上刻“乙酉仲夏”，左下刻“刘琨题书”。其“潮”字为倒刻，其倒刻之深意，耐人寻味。石刻坐东北向西南，长2米，高0.5米，字宽0.5米，字距0.1米，行书，阴刻，书法古朴幽深，錾工质朴。

图 5-2-2

---

①武隆县文物管理所：《武隆县文物志》，巴蜀书社 2012 年版，第 121 ~ 122 页。

中华民国三十二年（1943年），白果乡乡长陈兆庆，为保护名胜景物，将三潮水胜景申报火炉区署和武隆设治局，经局长游泽培校准，对三潮水胜景进行保护和维修。火炉区区长刘琨于乙酉年（1945年）仲夏（农历五月）题书“三潮灵水”四字，由陈兆庆、陈兆抚兄弟二人禀办。陈氏兄弟雇请核桃坝茶腊园冉石匠錾刻“三潮灵水”四字于龙口之左悬崖绝壁上，离地高丈余，地面有约20平方米的草坪，常年绿草如茵。[①]

“三潮灵水”自古闻名遐迩，古书上把它与其邻近的龙桥山并列为涪州两大名胜，合称为“龙桥三洞，信水三潮”。泉眼之上山岩壁立，藤萝帘挂，灌木丛生。泉眼神似龙吻，上凸下凹，向里倾斜，故称“龙口”。龙口内，钟乳石奇形怪状，犬牙交错，每日三段时间（6:00—8:00、11:00—13:00、17:00—19:00）准时涌潮，故又称“信水三潮”。此说法见于清《四川通志》：“信水在武隆，其泉如沸，日有三潮，每至高尺余”。据传古代一朝廷大臣，下地方考察民情，游览名山大川，闻此，不顾跋涉险路，游三潮水后，很觉奇特，回朝廷禀报皇上，皇上听后认为是“圣水”，便传旨更名为“圣水三潮”。

3.“澎湃飞雷”石刻（图 5-2-3）

位于土坎镇关滩村处的乌江关滩口岸，古为乌江险滩之一，河中乱石横陈，江水吼声如雷，似千军万马过关。清康熙四十二年（1703年）重庆知府陈邦器率兵途经关滩，叹其险峻奇观，遂题“澎湃飞雷”四字，镌刻于巨石上。

四字右起，横排阳刻，行楷，总长2米，宽0.56米，字高0.43米，宽0.35米，字距0.05米；石刻边框宽0.02米，深0.01米。“澎湃飞雷”四字左右有题跋，右为“癸未初秋”，左为“陈邦器题”。题跋阴刻，每字高、宽均为0.125米，字距0.01米。

图 5-2-3

①武隆县文物管理所：《武隆县文物志》，巴蜀书社 2012 年版，第 166 ~ 167 页。

“澎湃飞雷”石刻引起了后代诗人对关滩的关注，过往文人多有讴赞诗作。清代文人陈鹏飞写有《关滩占》一诗，诗云：“重岸矗峙拥双蛮，泻出江潮第一滩。最苦波心抵柱石，为谁笼钥锁狂澜。”另一文人舒其文的《舟泊关滩诗》，也留下了吟咏：“险隘自天开，屹屹在水隈。悬岸惊瀑布，雪浪卷飞雷。万壑归吞土，孤舟畏往来。关头若有吏，应进驿中梅。”[①]

4. 大岩洞石刻

位于桐梓镇长征村沿沧河谷岸悬岩腰际。洞口有石门，两侧门柱上錾有楹联：“暂楼幽谷飞归隐，寻得桃源岂避春”，门楣上錾横批“桃园洞”。楹联为行书，阴刻，字宽0.12米，字距0.04米；横批长0.55米，宽0.52米，行书，阴刻，字宽0.13米，字距0.04米。

大岩洞原本天生石洞，为地主恶绅吴鸿哲霸占，取名“桃园洞”。中华民国二十八年（1939年）请县内著名文人张纯嘏题书门对，中华民国二十九年（1940年）雇工錾成。

5. 烈女岩石刻（图 5-2-4 ～图 5-2-6）

位于羊角镇鹅岭村街道4段乌江边。烈女岩实为一高23米、围长70多米的岩石，俗称“大石头”。其“烈女”之由来实为投江自杀的民女梅节弟。

岩石上共有石刻三幅，石刻均为楷书，阴刻。

东面为清咸丰十一年（1861年）涪州刺史古闽姚宝铭所书“烈女岩”3个大字及叙述“烈女”事迹的碑文。碑高1.2米，宽2.2米。碑文记录了太平天国石达开入川先遣部队骚扰百姓、逼迫民女梅节弟投江致死的事件。题刻魏碑字体，标题字大约0.35米×0.35米，碑文字大约0.15米×0.15米。全文如下：

图 5-2-4

①武隆县文物管理所：《武隆县文物志》，巴蜀书社 2012 年版，第 167 页。

烈女岩[1]

咸丰辛酉八月朔日粤逆由□□□□□□□窜入羊角碛，居民猝不及防，□□殆遍。烈女梅节弟，东人女也，端庄淑慎，及笄待字，随其父母避贼渡河，为贼所虏（掳）。贼利其色，善诱之，节弟不从，刺以利刀，不屈如初。贼遂捻其发而逼之，节弟乃自投于江，卒完节而终。嗟呼，人穷见节，利当此大，寇当前不辱其身，视死如归，维□大丈夫，何似加焉。是□□亦可以风□矣□。

涪陵刺史古闽姚宝铭识并书

图 5-2-5

图 5-2-6

西北角为中华民国十五年（1926年）川军杨森部第九师师长郭汝栋为解决当地盐商与搬运工人的矛盾而颁发的“布告”，碑高3.5米，宽1.6米。

西面为中华民国二十八年（1939年）由导航委员会乌江工程局整治乌江航道时所镌刻的“人定胜天”4个大字。碑长3.5米，高1.6米。[2]

6. 豹崖石刻（图 5-2-7）

位于白马镇豹岩村红岩小组，刻于中华民国丙子年（1936年），传说系湖南石匠凿刻。“豹”字长0.86米，宽0.6米；“崖”字长0.96米，宽0.6米，二字相距0.26米。其右上角记录凿刻时间“丙子春”，左下角落款“王璋题”，每字长0.6米，宽0.12米。字体宽大笃实，笔力雄浑，引人注目。

---

①周晏：“乌江烈女岩题刻考读”，载《涪陵师范学院学报》2006年第4期。
②武隆县文物管理所：《武隆县文物志》，巴蜀书社2012年版，第122页。

图 5-2-7

中华民国时期修建豹岩段川湘公路，伤亡民工百余人。路通后，当时涪陵县县长王璋题书“豹崖”二字，凿于路侧悬崖壁面之上，以示纪念。①

7. 鱼林水文题刻

位于巷口镇中鱼村鱼尔山小组，老盘河沟15米处，刻于清嘉庆十七年（1812年）。整石倾斜30°，石刻坐西北向东南，楷体錾刻“嘉庆十七年七月十三日大水石雄”，字宽0.1米，字距0.07米。②

①武隆县文物管理所：《武隆县文物志》，巴蜀书社 2012 年版，第 167 ~ 168 页。
②武隆县文物管理所：《武隆县文物志》，巴蜀书社 2012 年版，第 123 页。

第六章 石柱碑刻辑要

石柱土家族自治县（以下简称石柱县）位于重庆市东部、长江南岸、三峡库区腹心地带，东邻湖北省利川市，南依彭水县，西及西北接丰都县、忠县，北连万州区，辖区面积达 3012 平方千米。石柱土家族自治县是以古代巴人为主体，与其他民族融合而成的重要的土家族栖息地之一，这里聚居着汉族、土家族、苗族、维吾尔族、蒙古族、独龙族、侗族、哈尼族、瑶族、朝鲜族等 29 个民族，其中以土家族为主的少数民族约占总人口的 72%。该地群山起伏，溪河纵横，地形险阻，多天险屏障，风光绮丽，民风淳朴，吸收巴渝文化之灵气，形成了当地特色鲜明的地域文化和乡土风俗。

石柱土家族自治县，旧称“石砫县”，以境内有“石潼关”“砫蒲关”两名首字而得名。1959 年经国务院批准改名为“石柱县”，1984 年成立石柱土家族自治县。石柱之地，古为《禹贡》梁州之域。商周以前，属巴人故地。唐武德二年（619 年）始建南宾县，南宋建炎三年（1129 年）设石砫安抚司，明洪武八年（1375 年）置石砫宣抚司，清乾隆二十二年（1757 年）“改土归流”，置石砫厅。马氏土司世袭其地，几经变幻，新中国成立后废止。

在近 1400 年的历史时光中，石柱诞生了许多美丽的传说，更保留下了富庶的人文宝藏。该地历史悠久，文化遗产极为丰富，文物类型多种多样，有古遗址、古墓葬、古建筑、石窟寺及石刻、近现代重要史迹及代表建筑等。石柱土家族自治县尤以因盐而兴的西沱古镇、明末清初巾帼英雄秦良玉陵园、万寿寨明代古战场遗址、佛教建筑群川东二堂之银杏堂、铭刻于悬崖之上的宋碑等闻名于世，从不同角度展现出当地的人文与历史。石柱土家族自治县西沱古镇也于 2003 年 11 月入选了由国家建设部和文物局发布的首批“中国十大历史文化名镇”名单。截至 2010 年底，石柱土家族自治县境内统计文物点达 927 处，包括古遗址 26 处，古墓葬 629 处，古建筑 109 处、石窟寺及石刻 57 处，近现代史迹及建筑 104 处，其他 2 处。

在石柱，无论是宅邸民居、陵庙祠堂，还是桥涵码头，抑或是牌坊影壁，许多地方可见文物遗产，而楹联、碑刻更是其中杰出的代表，体现出浓郁的民族文化特征。这些碑刻、楹联折射出土家族文化和汉族文化在这片大地上的分歧、交融与发展，更展示出石柱土家族自治县的地方文化特色。现将石柱碑刻特征概括如下：

（1）碑刻的分布、形式体现民族发展的成因。石柱地区碑刻、楹联在分布上，亦呈现着从低海拔的沿江地区、溪河地带、人口稠密地区的文物年代早、文物数量多逐渐向高海拔山区、人口稀少地区的文物年代晚、数量少且递减的特点。这对研究古代巴人与今天土家族发展的成因及迁徙路线都具有重要的学术研究价值。

（2）碑刻种类、形式体现出浓郁的民族特征。秦良玉陵园系列碑刻书写了这位传奇女英雄的家族及过往；大寨坎系列碑刻则体现了当地土家族曾经的生存环境；银杏堂楹联显示出佛教圣地的庄严；太保祠楹联刻画出马氏土司家族的辉煌……

（3）碑刻表现形式体现出土家族与汉族的文化融合。石柱境内的墓葬及古建筑在结构、装饰等方面均体现了汉文化的精神内涵，体现了土家族与汉族的文化融合。

第一节 碑刻

一、墓碑

1. 秦良玉陵园墓群墓碑（图 6-1-1 ～图 6-1-6）

秦良玉陵园为重庆市文物保护单位。该陵园位于石柱县三河镇鸭庄村三教组回龙山上，建于清顺治五年（1648 年），陵园由名将秦良玉及部将、马氏家族、三教寺僧侣墓区与三教寺古建筑群组成，重点文物保护区面积约为 16.5 万平方米。陵内有秦良玉墓、兄秦邦屏、弟秦民屏和麾下将官秦怀远、马德音及良玉子孙马祥麟、马光仁、马佑诏等墓共计 20 余座。

图 6-1-1

图 6-1-2

图 6-1-3

（1）秦良玉墓（东墓）墓碑。秦良玉主墓，用于官方祭祀，位于陵园正中，封土呈圆形，坐南向北，条石镶砌；墓冢前正中立墓碑，题“明上柱国光禄大夫镇守四川等处地方提督汉土官兵总兵官挂镇东将军印中军都督府左都督太子太保忠贞侯秦良玉之墓　公元一九八七年修复”。墓通长 8.26 米，通宽 6 米，封土高 3 米；墓碑高 1.5 米，宽 0.53 米；神道长 17.25 米，宽 6.15 米；墓冢体积 106 立方米；墓前拜台有 27 平方米，总占地面积 182.65 平方米。墓前、神道及其左右有石狮、石羊、石马、朱雀、石俑等 6 对 12 座石像生，气势极为庄严。现神道两侧的石人 2 对 4 座，均为文臣，立像，高矮不一，双手作揖状，头部残；石鸟，形如朱雀，羽翼丰满，无头；石马，残，配马鞍；石羊，矮肥壮实；石狮，为蹲坐直立状，身系绶带。[①]

①石柱土家族自治县第三次全国文物普查领导小组，石柱土家族自治县人民政府：《石柱文物图志》，重庆大学出版社 2012 年版，第 27 页。

秦良玉（1574—1648 年），字贞素，22 岁嫁给石砫宣抚使马千乘为妻，两人共同创建了闻名遐迩的白杆兵。这些身手矫健的土家族士兵手持用白木做成的长矛，上配带刃的钩，下配坚硬的环，作战时，钩可砍可拉，环则可捶可擂。路遇崇山峻岭，后者伸出长矛，用矛尖的钩钩住前者的矛尾的环，凭借白杆，士兵敏捷若猴猿，攀缘如平地，非常适于山地作战。

秦良玉夫妻二人共同参与平定四川播州（今贵州遵义）土司杨应龙叛乱，在此役中，白杆兵大显神威。明万历四十一年（1613 年），马千乘因冒犯京都太监丘乘云，被捕入狱，死于云阳，因其子尚幼，秦良玉袭宣抚使职，从此执掌石柱军政大权。秦良玉一生戎马四十余年，平奢安之乱，千里勤王，抗衡义军等一系列军功，为后人展示出一位精忠报国、热血奉献、维护统一的女英雄形象。因其表现出的不凡气节和功勋，崇祯皇帝召见于平台并亲赋诗四章，彰其功绩，其中“蜀锦征袍手剪成，桃花马上请长缨；世间多少奇男子，谁肯沙场万里行？”一首最为后人熟知。秦良玉屡建功勋，在平台被赐酒，加少保，挂镇东将军印。

秦良玉一生传奇，这位被郭沫若誉为“石柱擎天一女豪”的明代将领，也是被我国正史《明史》记载的，具有崇高民族气节的巾帼英雄。

（2）秦贞素墓（西墓）墓碑。[①]为家族祭祀之墓，位于陵园西南，呈圆形，条石镶砌，墓冢前正中立墓碑，题“明万历二年甲戌岁吉诞 卒于清顺治五年戊子岁 马母秦氏贞素之墓 孝男马祥麟立 公元一九八七年六月修复”，前为土拜台。墓通长 8.1 米，宽 5.6 米，封土堆高 3 米，墓碑高 1.51 米，宽 1.2 米，总面积 62.16 平方米。

（3）秦邦屏墓墓碑。[②]秦良玉之兄墓，位于秦良玉墓东侧下 30 米，坐南向北，圆形封土，条石镶砌，墓冢前正中立墓碑，题“秦邦屏之墓”，前有拜台、神道，左右立石人、石马、石狮 3 对 6 座石像生。墓通长 8.2 米，宽 6.78 米，高 3 米，墓碑高 1.4 米，宽 0.8 米，总面积 110.6 平方米。神道两侧的石人均为文臣，立像，高矮不一，双手作揖状，头部残；石马，残，仅剩马头；石狮，为蹲坐直立状，身系绶带。

---

①石柱土家族自治县第三次全国文物普查领导小组，石柱土家族自治县人民政府：《石柱文物图志》，重庆大学出版社 2012 年版，第 27 页。

②石柱土家族自治县第三次全国文物普查领导小组，石柱土家族自治县人民政府：《石柱文物图志》，重庆大学出版社 2012 年版，第 27 页。

（4）秦民屏墓墓碑。[①]秦良玉之弟墓，位于秦良玉墓东北40米，坐南向北，圆形封土，条石镶砌；墓冢前正中立墓碑，题“明 副总兵部都督监事 秦民屏之墓”；墓前为拜台、神道，左右立石人1座、石羊2座。墓通长6.9米，宽6米，高2.7米，神道通宽6.62米，长3米，总面积91.26平方米。其封土下以条石镶砌，石人，矮小，形象为文臣，头残；石羊，矮肥壮实。

（5）马祥麟墓墓碑。[②]秦良玉之子墓，位于秦贞素（西墓）下侧5米，坐南向北，圆形封土，条石镶砌；墓冢前正中立墓碑，题“明崇祯敕封骠骑将军 世袭石砫宣慰使 马祥麟之墓”，前为土拜台，墓通长6.8米，宽5.58米，墓碑高1.37米，宽0.81米，墓封土体积29立方米，总面积60.1平方米。

秦良玉是出身儒门的闺秀，生于多事之秋的她始终忠君爱国，奉献一生，其兄秦邦屏、其弟秦民屏、其子马祥麟、儿媳凤仪均为国壮烈牺牲，可谓满门英杰。今日的秦良玉陵园安然肃穆，一座座墓碑静立于天地之间，弥漫着悲伤，令人无尽感怀。

图6-1-4

图6-1-5

图6-1-6

2. 吴文学墓墓碑[③]

吴文学墓位于石柱县枫木乡国锋村国锋组大船沟，坐西向东，条石围砌，长方形泥土封顶，前接重檐石质仿木结构牌楼，两柱一开间，通长5.15米，宽2.66米，

①石柱土家族自治县第三次全国文物普查领导小组，石柱土家族自治县人民政府：《石柱文物图志》，重庆大学出版社2012年版，第27页。

②石柱土家族自治县第三次全国文物普查领导小组，石柱土家族自治县人民政府：《石柱文物图志》，重庆大学出版社2012年版，第27页。

③石柱土家族自治县第三次全国文物普查领导小组，石柱土家族自治县人民政府：《石柱文物图志》，重庆大学出版社2012年版，第82页。

高3.2米，其中碑宽0.87米，高1.61米，柱上题刻“德盖乡邦永，名留草木香”对联，墓碑刻“待赠显考吴公讳文学老大人之墓 咸丰四年八月□日”，碑栏施香炉；八字护墙刻野鹿含花及卷草纹，龙枋刻人物故事图、葡萄、松鼠、狮子及缠枝花纹；第二檐下匾额刻“克倡厥后”，两侧刻侍者文武臣，上侧刻人物、野鹿、喜鹊及缠枝花纹，墓冠为镂空弧形刻卷草纹。

3. 石岗院子秦氏墓群墓碑（图6-1-7～图6-1-9）

石岗院子秦氏墓群，位于石柱县悦崃镇密红村祠堂组密梁坝祠堂石岗院子，总占地面积为85.2平方米，有墓3座，坐西北向东南，均为长方形石砌封土，前接仿木结构石牌楼，四柱三开间，两侧附八字护墙，镂空联弧形墓冠。

图6-1-7

图6-1-8

（1）秦大崽夫妇墓墓碑。①墓长5米，宽4.98米，高4.11米，中柱刻宝瓶、牡丹图案，并施雀替刻罗汉、野鹿、人物图，两侧立柱刻“黄金入炼杰，善士遇弥功”“事顺身安德似盛，道难意应口如盈”“花香很近德香远，世味泊粗道味长”对联，并施雀替刻狮子、缠枝花卉和人物图；左碑刻“故显考秦大崽圣名伯多禄老大人之墓志”，右碑刻“故显妣秦母谭老孺人圣名伯多玛利亚之墓”，均落款“大清光绪二十五年丁亥岁十月下浣吉立”，两侧八字护墙刻犀牛望月、凤穿牡丹及卷草纹，龙枋刻古钱纹、绶带、书笔、宝剑纹，第二、三檐之间匾额刻耶稣圣子圣母图，两侧为文官人物故事图，上侧刻“永光照之”，墓冠为镂空联弧形，饰象形福字和卷草纹。

①石柱土家族自治县第三次全国文物普查领导小组，石柱土家族自治县人民政府：《石柱文物图志》，重庆大学出版社2012年版，第84页。

图 6-1-9

（2）秦昌寔夫妇墓墓碑。[①]墓长 5.1 米，宽 6.15 米，高 4 米，中柱刻宝瓶、牡丹图案，并施雀替刻缠枝花卉、野鹿含草、犀牛望月图案，两侧立柱刻“宇宙无灵显至巧，山川有贵示全□”“潮水恒流山自静，信很坚定俗□□”“浮荣不足满人意，永福方能充善□”“福后百旬一夜梦，神修片刻万年勋”4 副对联，并施雀替刻仙鹤、缠枝花纹。明间墓碑刻“清故显考秦公昌寔君号圣名若望之墓位”，右碑刻“故显妣秦府冉孺人号圣名安讷之墓位”，左碑风化，均落款“大清光绪二十年甲午岁仲冬月吉旦”，八字护墙刻凤穿牡丹、犀牛望月、万字格、卷草纹，龙枋刻古钱纹、绶带、书笔、缠枝花纹，第二、三檐匾额刻“十”“永光照之”，墓冠刻寿字及卷草纹。

（3）秦大举夫妇墓墓碑。[②]秦大举夫妇墓前接单檐仿木结构石牌楼，圆弧形墓冠，墓长 6 米，宽 5.45 米，高 4.1 米，中柱刻宝瓶、牡丹图案并施雀替刻牵马图、龙纹，立柱刻“钦主爱人天直路，克私寡□登梯□”“天香荣福始无疆，幻世禄财终有尽”“富贵百旬一夜梦，神修片刻万年勋”对联 3 副，并施雀替刻人物、龙纹。左墓碑刻“故显考秦公讳大举圣名保禄老大人之墓”，右碑墓刻“故显妣秦母赵圣名则济理亚老孺人墓”，均落款“中华民国五年二月上浣吉旦”。两侧八字护墙刻“世能有寒暑，道原无古今”对联，并刻象形“福”“寿”字、犀牛望月、双凤朝阳、野鹿含花、凤穿牡丹、龙纹，龙枋刻万字格、龙纹、人物故事图。墓上匾额篆刻，两侧刻文臣侍者、龙纹、狮子。墓冠由 15 块条石卷拱而出，拱石刻花卉。

该墓群为秦氏墓地，墓主人均信奉西方宗教基督教，其墓碑雕刻精美，对研究当地中西方文化交融提供了实物参考。

---

①石柱土家族自治县第三次全国文物普查领导小组，石柱土家族自治县人民政府：《石柱文物图志》，重庆大学出版社 2012 年版，第 84 页。

②石柱土家族自治县第三次全国文物普查领导小组，石柱土家族自治县人民政府：《石柱文物图志》，重庆大学出版社 2012 年版，第 84 页。

4. 周盛徒夫妇墓墓碑[①]（图 6-1-10）

周盛徒夫妇墓位于石柱县下路镇柏树村红旗组周家坪米汤沟，坐东北向西南，长方形封土，前接石质仿木结构牌楼，圆弧形墓冠，两侧附八字护墙，三柱两开间，墓长 6.8 米，宽 5.4 米，高 4.5 米，总占地面积为 36.72 平方米。中柱刻深浮雕龙、云形图案，边柱阴刻对联："鲤庭日暖营窀穸，凤诰□贞□□□"。两墓碑前均有碑栏石，整体为镂空图案，上面刻有仙鹤、蝙蝠、净水瓶、葫芦、仙桃、回纹、花草纹、宝剑、书笔等。左墓碑刻有"皇清诰封之林郎显考周公讳盛徒号用之老大人之墓"，右墓碑刻"皇清诰封孺人故显妣周母马老孺人墓"，落款为"光绪十八年岁次壬辰黄钟月上"。墓门楣上施雀替刻万字格，浮雕人物、犀牛，八字护墙上刻对联"贞珉自展云受，遗泽亲栽树香"、墓志铭、绶带、花朵、狮子及人物故事图，墓檐檐角上翘，檐口饰瓦当，龙枋上深浮雕征战图、行乐图等人物故事图案。墓上匾额刻"诰命"，周围透雕云龙纹，两侧有对联"成业勤骏业，□甲□鸿声"及山水亭园图案，上侧扇形匾额刻"金受全归"。卷拱墓冠由 19 块条石拱成圆弧形，雕刻极为精美。

图 6-1-10

5. 邓延赞夫妇墓墓碑[②]

邓延赞夫妇墓位于石柱县临溪镇黎家村中腰组赵家坪，坐南向北，石砌长方形封土，前接石质重檐仿木结构牌楼，两侧附八字护墙，四柱三开间，墓长 7.2 米，宽 7.4 米，高 4.2 米，总面积 53.42 平方米。立柱对联刻有"灵枝玉树光前德，明月清风伴衣尘""千里来龙拱二穴，一团吉地双双星"，明间墓碑刻"皇清上寿故考（妣）邓公延赞号东山（□氏）老大（孺）人之墓"，次间墓碑刻墓志铭，落款为"大清同治六年丁卯岁冬月浣日"，门楣下刻回龙纹、狮子及花草纹。八

①石柱土家族自治县第三次全国文物普查领导小组，石柱土家族自治县人民政府：《石柱文物图志》，重庆大学出版社 2012 年版，第 86 页。
②石柱土家族自治县第三次全国文物普查领导小组，石柱土家族自治县人民政府：《石柱文物图志》，重庆大学出版社 2012 年版，第 90 页。

字护墙上绘人物、动物和花草图案，其中撑鼓内绘龙凤、鹿纹饰，墓枋上雕有人物故事图。第一檐下有两块扇形匾额题“凤翥”“龙翔”，两侧刻有人物故事图，第二、三檐之间匾额题“不老乾坤”。两侧柱上刻牡丹、宝瓶，上侧饰罩檐两重，刻花朵、回龙纹。下侧刻为台阶。墓冠镂空形，中间一罗汉，两边龙形图，工艺极精美。

6. 蒋正东烈士墓墓碑

蒋正东烈士墓位于石柱县西沱镇西山村刘家坝组塘丫口。蒋正东，山东人，解放军镇江支队（四野战军四十二军一一五师）副连长，1949 年 11 月 21 日，在解放西沱战斗中牺牲。墓葬坐南向北，由墓冢、墓碑和拜台组成，其中墓冢为长方形封土，前接墓牌，墓碑与墓葬分开，碑上刻“蒋正东烈士之墓 石柱土家族自治县西沱中学校 一九八八年四月三日立”。墓通长 4.3 米，宽 2.66 米，高 2.14 米，碑宽 0.73 米，高 1.43 米，厚 0.45 米，拜台长 6.2 米，宽 3.1 米，总占地面积 27.5 平方米。其为纪念缅怀人民革命烈士及教育青少年的重要场所，具有重要的纪念意义和教育意义。

二、路桥指示碑

1. 板桥湾修路碑（图 6-1-11）①

位于石柱县六塘乡三汇村新建组板桥湾，坐东北向西南，呈长方形，立于三汇村到石柱县的老路（三汇到土老坪段）的石崖下，碑高 1.55 米，宽 0.72 米，厚 0.49 米，基座宽 1 米，厚 0.64 米。该碑为修路功德碑，碑刻有捐资人员名单，落款为“光绪元年岁次乙亥六月廿六期吉”，从

图 6-1-11

①石柱土家族自治县第三次全国文物普查领导小组，石柱土家族自治县人民政府：《石柱文物图志》，重庆大学出版社 2012 年版，第 110 页。

中可窥见清代石柱县交通地貌，具有一定的历史文化价值。

2. 四方碑（图 6-1-12）[①]

位于石柱县金铃乡响水村张家山组，半节台下边的一个石崖下。该碑为从沙子镇到湖北修的石板路而立的功德碑，坐西南向东北，碑高 1.83 米，宽 0.46 米，四面均刻有文字，东为“永垂千古”，落款为“皇清乾隆三十七年岁次壬辰仲春”，西为“同结善缘”，刻捐钱、捐粮人士名单，南为修路纪实，北为工人名。

图 6-1-12

3. 川鄂盐茶古道指路碑[②]

此碑立于盐茶古道的黄水镇三块石地，系马氏族人募资修立。其碑文如下：

当开关山南越，万径东渡，临河架桥，逢山修路，遇水设渡，济人利物，自古皆然，如低如矣，周谊永祝，洧涛成马。河有千道咀（嘴），总非孔道，而黄水及悦来客商往来，行旅出游，于是会道，募众捐资，令匠修立，除显祖德，其间共动厥成列氏，刊名功德于不朽。

大清乾隆五十九年甲寅岁旁生庚月吉。

4. 卧龙眼碑（6-1-13）

石柱县三河镇鸭庄村三教组回龙山山顶秦良玉陵园内有一天然水洼，四季不涸，人称“卧龙眼”，有碑刻“卧龙眼”于此。

图 6-1-13

①石柱土家族自治县第三次全国文物普查领导小组，石柱土家族自治县人民政府：《石柱文物图志》，重庆大学出版社 2012 年版，第 111 页。
②石柱土家族自治县地方志编纂委员会：《石砫县志》，西南师范大学出版社 2013 年版，第 65 页。

5. 红军井碑刻（图 6-1-14、图 6-1-15）[①]

位于石柱县南宾镇红井社区后河组猫圈坡，1984 年 12 月被公布为石柱县级文物保护单位。该井井眼为圆形，直径 1.06 米，井口高出地面 0.50 米。现出水口从井台用水管暗接在井台正面外侧 12 米处，井前为一石碑，碑座长 1.20 米，宽 0.58 米，碑宽 0.85 米，高 1.26 米。内井台宽 3.00 米，深 4.32 米，四周围有栏杆。正前中有一级踏步。外井台宽 4.92 米，长 7.88 米，由栏杆围成，正前中为 4 级踏步；后有一屏风壁照，宽 4.98 米，高 2.50 米，总占地面积 45.00 平方米。

该井为贺龙所率红三军在猫圈坡休整期间挖出。1934 年，贺龙同志率领红三军军部及红九师全体指战员，从利川鱼泉口进入石柱县，经过双河场、黄水坝、古城坝等地，抵县城附近的猫圈坡轿子顶一带休整。红军到达猫圈坡后，深入各个村落，访贫问苦，宣传红军的任务和纪律，宣传土地革命的决议，提出了“穷人不还富人债，佃户不交地课（租）”等口号，积极帮助当地群众解决生活困难，冒着严寒上山打柴并送到群众家中。当年冬旱严重，猫圈坡一带井水干涸，当地军民饮水成问题，贺龙亲自带人寻找水源，并在当地一浸水洼地掘水井一口，解决了当地军民的饮水困难。红三军离开后至今已 80 多年，此井长年满水，未枯涸，成为当地居民不可缺少的生活用水源。为铭记红军的恩情，1982 年 12 月，石柱县人民政府将此井命名为“红军井”，加盖，并在井上立一石碑。2007 年，又添建大理石碑、井台及屏风。

图 6-1-14

图 6-1-15

①石柱土家族自治县第三次全国文物普查领导小组，石柱土家族自治县人民政府：《石柱文物图志》，重庆大学出版社 2012 年版，第 62 页。

三、旌表碑

1. 节孝碑

（1）重义轻生碑（图 6-1-16）。[①]位于石柱县下路镇上进村锅圈组上进小学西50米处，坐东南向西北，为长方形，其中碑高2.23米，宽1.3米，厚0.19米，碑座长1.96米，宽0.5米，高0.17米。碑刻正正为“署理四川石砫直隶抚民府□即补府正堂加五级纪录十次长，重义轻生，贞烈妇巫，庐士刘杞蕃之嫡配也……大义攸关，捐躯亦可卓哉，孺子泛一，而终生牢山无宛，穴与同，如此贤媛，古闻亦寡敬□贞珉□采风者，己未科举人马光勋拜撰 大清同治六年岁次丁卯十月上浣”，楷体竖书，阴刻，记载表彰当地寡妇刘巫氏终生守节的事迹。

图 6-1-16

（2）彭氏节孝坊。[②]清光绪年间朝廷圣谕在县境流水场口建王华风之妻彭氏节孝坊，坊上书“奉旨”二字，下书“节孝坊”三字。

（3）张黄氏节孝坊。[③]清同治元年（1862 年），湖海乡大石板富户张大业承祖父之命为母张黄氏修建牌坊。同治帝题名“旌表节孝坊”。

---

①石柱土家族自治县第三次全国文物普查领导小组，石柱土家族自治县人民政府：《石柱文物图志》，重庆大学出版社 2012 年版，第 112 页。

②石柱土家族自治县地方志编纂委员会：《石砫县志》，西南师范大学出版社 2013 年版，第 75 页。

③石柱土家族自治县地方志编纂委员会：《石砫县志》，西南师范大学出版社 2013 年版，第 75 页。

2. 革命纪念碑

图 6-1-17

图 6-1-18

（1）石柱革命烈士陵园烈士纪念碑（图6-1-17、图6-1-18）。位于石柱县南宾路东侧狮子堡山上，坐北向南，建于1984年。屹立于堡顶的烈士纪念碑高14米，碑座为正方形青石平台，前后嵌有大理石，上刻纪念碑序和建造日期，碑身为钢筋混凝土结构，水磨石面，碑面为黑色大理石，前后刻有四川省人民代表大会常务委员会副主任马识途手书的“革命烈士纪念碑”和“革命烈士永垂不朽”大字。该陵园为缅怀革命烈士及教育青少年的重要场所，被中共重庆市委命名为第五批重庆市爱国主义教育基地，具有重要的纪念意义和教育意义。

（2）黄草坪烈士纪念碑（图6-1-19）。[1]位于石柱县三星乡观音村黄草坪，坐东向西，墓前大理石石碑刻“中国革命老区项目 革命烈士永垂不朽”，大理石基石刻简介：“一九四八年十二月初，川鄂边游击队取得两边岩大战胜利，攻克三星、湖海、都会乡公所震惊川东鄂西德黄草坪大战中，击毙伤敌五十余人，取得了辉煌战绩。2007年6月立。”基座长1.35米，宽0.6米。梯子前约2米处有一大理石刻“黄草坪战斗纪念碑”，高2.85米。该地为石柱县爱国主义教育基地之一。

图 6-1-19

①石柱土家族自治县第三次全国文物普查领导小组，石柱土家族自治县人民政府：《石柱文物图志》，重庆大学出版社2012年版，第117页。

（3）三路红军纪念碑（图6-1-20）。位于石柱县王家乡光华村桂花组西乐坪，小地名棒客凼，为国民党及地方反动武装进攻围剿红军的战斗遗址，遗址上遗留了红军战士的尸骨，在此树立三路红军纪念碑以示纪念。

（4）鄂川边红军游击总队遗址碑（图6-1-21）。位于石柱县金铃乡银杏村街上组金铃坝赶场岭。1934年1月，贺龙派红七师二十一团干部傅忠海前往石柱金铃坝训练当地部队，该部队后改名为鄂川边红军游击总队，在战争中不断发展和壮大，最后归为主力红二军团，参加了举世闻名的二万五千里长征，为中国人民的解放事业立下了不朽的功勋。

图6-1-20

图6-1-21

（5）红三军休整地纪念碑（图6-1-22）。位于石柱县南宾镇红井社区后河组猫圈坡土地梁。红三军军长贺龙，曾率部于此休整。

图6-1-22

四、政策族训碑

马氏宗祠石刻之《马氏源流碑记》（图 6-1-23、图 6-1-24）

石柱古城坝做过长达 246 年的石砫安抚司（宣抚司）的政治、军事中心，直到 1381 年宣抚司治所迁往南宾狮子坝。宣抚司衙门迁往南宾之后，由平叛的马定虎将军及其子孙所建的马氏宗祠，就成为古城坝社会活动的中心。该宗祠位于石柱县悦崃镇新城村古城组古城小学内，有马氏宗祠石门 1 道和碑刻 3 通，均镶嵌在墙壁上，其中石门坐东南向西北。马氏宗祠侧面有完好的马氏源流石碑，碑文记载马氏家族发源等相关内容，其中《马氏源流碑记》，高 2.5 米，宽 1.52 米，落款“乾隆五十三年”（1788 年），楷体竖书，589 字，记叙石柱土司马氏先祖马定虎孤军入川，授石砫安抚使，府衙设立于旧城坝（今古城坝），为了祭祀祖先，初设伏波祠，后修马氏宗祠于此。1959 年将其拆除，改建为古城小学，该石刻对研究石柱历史及马氏土司族源提供了实物资料，具有重要的历史价值。其碑文载：

伏波、陕西扶风郡，吾家发祥之所也。爵土受之于天朝。蜀中旧城坝，石砫始封之地也。吾祖定虎公孤军入川，能以捶弧棘矢，捍披天子之牧围，因而身荷宠命，世袭宣抚。西迁南宾，此地沦为草莽。数传而后至良祖，奕祀发旺，支派昌隆，一门之庆，有子十人。正统元年正月旬中，良祖谓其子曰：“关瞿麟趾，风化本源，贻厥孙谋，以燕冀子。自今以始属在儿曹，各受分地，大启尔宇，藩屏宗室。”更向吾祖应千公而言曰：“尔乃仰袭母地，旧城者接壤溴峒，密迩南蛮，非谨慎之人，不可兴起。汝其往哉。应武公遵父命焉。披荆棘以为食邑，营建宫室。正寝之东，设有伏波宗祠，以尽木本水源之思……[1]

图 6-1-23

图 6-1-24

①石柱土家族自治县地方志编纂委员会：《石砫县志》，西南师范大学出版社 2013 年版，第 61 页。

五、宗教民俗碑

1. 石方寺重修佛像碑[①]

位于石柱县万朝镇万富村石方组石方小学内，坐东北向西南，碑通高 2.2 米，宽 1.27 米，厚 0.16 米，立于座子上，上有一歇山式琉璃瓦屋顶，其石质风化，部分字迹模糊，其可见《重补佛像碑记》，内容主要为重修佛像时众人捐款的相关内容，并落款“清嘉庆二十三年丁丑岁小阳月下浣吉旦”，可见佛教信仰在石柱民众中受到的重视。

2. 银杏堂功德碑（图 6-1-25、图 6-1-26）

银杏堂，位于石柱县河嘴乡境内的盘龙山上，面临官渡河，四周苍松翠柏环绕，为重庆市文物保护单位。早年有三棵银杏树挺立于寺前，故又名银杏寺，为川东名刹，与梁平双桂堂齐名，距今已有 500 多年的悠久历史，是石柱佛教的祖庭。清乾隆二年（1737 年），梁平双桂堂透月和尚来此当主持后，为使其与梁平县双桂堂齐名，遂改名银杏堂。

图 6-1-25

图 6-1-26

清光绪三十年（1904 年），方丈果伦和监院慧源制“银杏堂重建秦、陈功德碑”，碑文中记：

明正德年间果聪和尚、明嘉靖年间大舟和尚、明万历年间广渊和尚，先后重建盘龙寺。并记曰：

银杏堂，盘龙山，钟鼓声声震九州。
宝灵寺，玉带河，佛光闪闪绕全球。
如来佛，有法眼，重振银杏唤生灵。
贫衲僧，负重担，维护衣钵传万代。
银杏双桂两尊佛，互赠经典闪金光。[②]

---

①石柱土家族自治县第三次全国文物普查领导小组，石柱土家族自治县人民政：《石柱文物图志》，重庆大学出版社 2012 年版，第 110 页。
②石柱土家族自治县地方志编纂委员会：《石砫县志》，西南师范大学出版社 2013 年版，第 63 页。

3. 三教寺残碑（图 6-1-27）

三教寺位于石柱县三河镇鸭庄村三教组回龙山上秦良玉陵园西侧 50 米，原名回龙寺，系儒、释、道三教合一，故名三教寺。明弘治八年（1495 年），石砫宣抚使马徽母陈氏重修寺院。崇祯十年（1637 年），秦良玉进行了增修。2000 年，重庆市人民政府公布其为重庆市市级文物保护单位。三教寺占地面积 2800 平方米，由大山门、藏经阁、三清殿、玉皇殿、大佛殿及厢房等建筑组成。殿内现有残碑数方。

图 6-1-27

4. 华严寺遗址碑[①]（图 6-1-28）

图 6-1-28

位于悦崃镇绿桃村阳光组华严寺，由华严寺古井、寺址和碑刻等组成，其分布面积为 1100 平方米。华严寺古井位于寺址的右侧，共两口，稍大井直径 1.2 米，深 1.56 米。在井上方岩石刻有“通文造井二口，溏一口永不朽，寄名马井保”。碑刻位于寺址北侧上，碑文记载了“清乾隆四十一年十一月二十六日立碑，僧通文……”，字迹模糊不清。此为功德碑，高 1.79 米，厚 0.17 米，为研究当地该区域宗教文化提供了宝贵的研究资料。

①石柱土家族自治县第三次全国文物普查领导小组，石柱土家族自治县人民政府：《石柱文物图志》，重庆大学出版社 2012 年版，第 78 页。

图 6-1-29

5. 华严寺牌坊[①]（图6-1-29）

位于悦崃镇绿桃村阳光组华严寺遗址北侧 1 米处，牌坊坐东北向西南。牌坊为仿木结构，两重檐歇山式，牌坊上刻有花草、野鹿、犀牛、虎头、人物等纹饰，均为深浮雕。檐枋下饰斗拱及人物纹饰，其正面刻有铭文，如“风水”“慈航普渡（度）”“特授四川直隶石砫正堂加正级五次□”“僧纲闻陪立”，落款“嘉庆二十三年三月”。其通宽 2 米，高 4.5 米。该牌坊为清嘉庆二十三年（1818 年）三月为纪念石砫正堂加五级纪录五次而立的功德牌坊。

六、文人书法碑

大寨坎碑

大寨坎遗址，县级文物保护单位，位于石柱县桥头镇马鹿村马鹿组中益河右岸，龙河北岸。清乾隆四十三年（1778 年），丰都知县过大寨坎，题诗刻碑：“万丈危梯九曲盘，惊魂飞上碧云端。 祇缘民事皆王事，那顾崎岖蜀道难。”[②]乾隆四十五年（1780 年），他再过大寨坎又题诗刻碑：“潇潇木叶下寨溪，重过山腰驻马蹄。恰待挥毫拈数字，回头忽见旧时题。”[③]

---

①石柱土家族自治县第三次全国文物普查领导小组，石柱土家族自治县人民政府：《石柱文物图志》，重庆大学出版社 2012 年版，第 107 页。
②石柱土家族自治县地方志编纂委员会：《石砫县志》，西南师范大学出版社 2013 年版，第 64 页。
③石柱土家族自治县地方志编纂委员会：《石砫县志》，西南师范大学出版社 2013 年版，第 64 页。

图 6-1-30

七、语录碑

屋基毛主席语录碑[1]（图6-1-30）

位于石柱县三河镇蚕溪村玉峰组关门石屋基旁，坐南向北。该碑坐落在一石头上，碑高1.04米，宽0.56米，厚0.18米，占地面积0.1平方米，碑北面刻红五星，南面无字。两侧刻六面红旗，中间刻“毛主席语录”，字高0.1米，宽0.09米，字间距0.01米。下面碑刻内容为“中国共产党是一个在几万万人的大民族中领导伟大革命斗争的党，没有多数才能兼备的领导干部，是不能完成其历史任务的”，字高0.06米，宽0.04米，字间距0.01米。该碑为“文革”期间树立。

---

①石柱土家族自治县第三次全国文物普查领导小组，石柱土家族自治县人民政府：《石柱文物图志》，重庆大学出版社2012年版，第121页。

第二节 石刻

图 6-2-1

1. 宋碑（太白岩摩崖石刻）（图 6-2-1）

太白岩坐落在石柱县县城西南郊的万安山，《石柱直隶厅志》记载唐代大诗人李白流放夜郎时，途经此地，挥毫题诗，后人为纪念李白，将此地改名为“太白岩”。清乾隆五年（1740 年）土司舍人马宗大书刻“太白岩”三字于万安山石壁，太白岩因李白留下诗迹游踪而顿生灵气，又因宋碑文物而沉淀历史文化。1984 年 2 月在太白岩半山腰出土了曾担任南宾县县令的刘济川的摩崖碑刻，是石柱县发掘年代最远的完整石碑之一。为保护这块珍贵文物，石柱县人民政府于 1987 年在太白岩原碑刻处建“宋碑亭”加以保护。

太白岩摩崖石刻，位于石柱县南宾镇较场坝社区太白岩北侧石壁上，石刻坐南向北，碑宽 0.7 米，高 1.03 米，其碑文曰：“观钓台刻而怀子陵，诵德政碑而思仁杰。夫挽仰古今，虽成陈迹，碑刻具有存凛然生气，千载一日也。南邑旧址，石岩屹然，俯瞰山川，如拱如揖，有唐陈宰，镌佛为龛，继判是邑，不知几人。宋宝祐丁巳王正三日，邑宰宣教郎左绵刘济川景孟，邑佐迪功郎风山李作德长卿，偕邑士之秀者，共饮岩下，吊古试碑，尚高山景行之意云，济川谨书。”[①]全碑 10 列 129 字，楷书阴刻，字宽 0.07 米，游记类文体，记叙了南宋宝祐五年（1257 年）邑宰宣教郎左绵县刘济川，邑佐迪功郎风山李作德长卿等人在此游山踏青的经历，感叹古今，写下此文。碑刻记录了石柱的变迁，书法文学双绝，对研究石柱县城址变迁的历史有重要的价值。

①石柱土家族自治县第三次全国文物普查领导小组，石柱土家族自治县人民政府：《石柱文物图志》，重庆大学出版社 2012 年版，第 63 页。

2. 大寨坎遗址碑刻（图 6-2-2）

大寨坎遗址，县级文物保护单位，位于石柱县桥头镇马鹿村马鹿组中益河右岸，龙河北岸，由古道遗迹（寨外青石道）、大寨坎石门和摩崖石刻等组成，占地面积达 2000 平方米。摩崖石刻位于川鄂古道旁崖壁上，峭壁高千仞，有王爷庙摩崖石刻和盘龙石摩崖石刻两处。这批石刻，掩隐在大寨坎古栈道盘龙石到寨顶长约 1000 米的悬崖绝壁上，因离古道较高，又加之野藤垂悬掩隐，荒草覆盖保护，深藏山中近千年。现有 18 处碑刻，不仅记载了南宋绍熙，元大德，明万历、崇祯，清乾隆、道光、光绪和中华民国官兵八次抢修、复修古道，以及捐款、捐粮的事迹，还有感慨大寨坎地险、修路艰辛的话语，亦有宗教信士对信仰和中华民国统治者对保甲政策的宣扬，对研究当地人文地理、风土人情、宗教文化提供了史料。

大寨坎遗址碑刻中尤以距今 830 多年的南宋《修道碑记》石刻最为珍贵。经文物考古工作者考证，《修道碑记》刻于南宋淳熙五年（1178 年），这是目前石柱发现的最早石刻文字，有力证明了石柱大寨坎古栈道初建于南宋淳熙五年的史实，见证了当地土家族古代交通发展史。

3. 观音崖摩崖石刻（图 6-2-3）

位于石柱县南宾镇城东社区新城组关门岩，分布于长 80 米、高 35 米的石崖上。该题刻坐南向北，阴刻楷体，竖刻“观音崖”，落款为“光绪壬午年”，整幅题刻呈长方形，高 2.7 米，宽 1.1 米，其中字宽 0.65 米，高 0.7 米。道光二十二年（1842 年）《补辑石砫厅新志》寺观篇记载“观音崖寺，在城东立许石崖下……嘉庆辛酉，同

图 6-2-2

图 6-2-3

知刻大经建佛殿五楹。”[①]该石刻为研究当地宗教文化提供了实物资料。

4. 观音岩摩崖石刻（图 6-2-4）

位于石柱县桥头镇马鹿村合堡组小寨坎。该摩崖造像，立于岩下，外由条石砌墙，青瓦屋面，岩上开龛，龛外上侧刻“观音岩”，右侧刻铭文并落款“乾隆五十四年岁次乙酉孟春吉日”。在石墙上共计碑刻 5 通，有 3 通碑刻修建时间分别为清咸丰十年（1860 年）、同治八年（1869 年）、中华民国十九年（1930 年），1999 年重修，添建石刻 2 通。

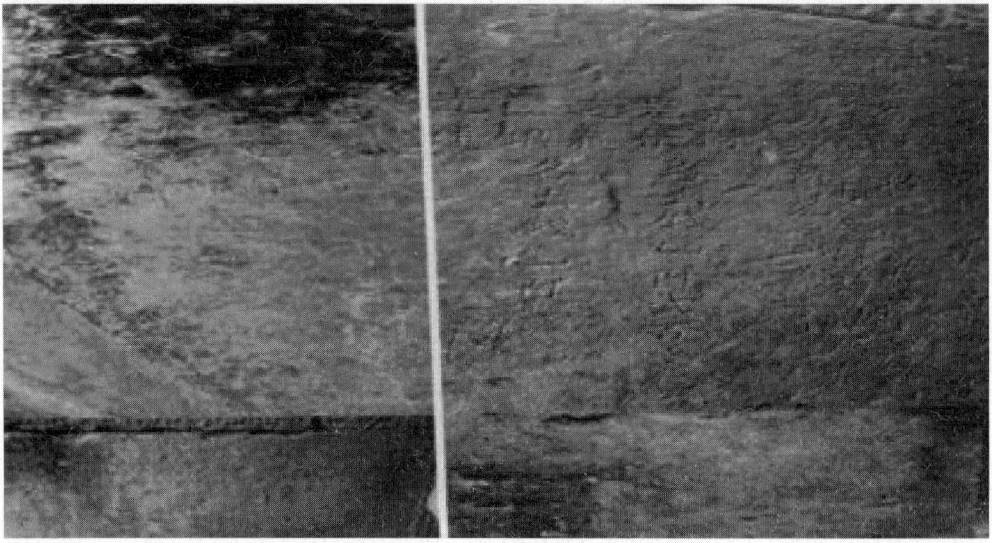

图 6-2-4

5. 观音洞石刻[②]

位于石柱县三星乡五斗村观音洞。其凿于长约 25.6 米、高约 10 米的岩石上，坐西向东，共有题刻 5 处，均为功德碑，因时间久远、石质风化，现仅见部分字迹，由上至下，编号为碑 1 至碑 5。其中碑 1 刻有“此殿以公浣□□□阁□□□修殿装大……道光四年五月中浣吉旦”，碑 2 为乾隆六十年（1795 年）碑记，碑 3 刻“万圣施主□□□皇清嘉庆五年仲夏月吉旦”，碑 4 为咸丰元年（1851 年）碑记，碑 5 刻“阿弥陀佛嘉庆元年岁次丙辰孟夏月二日吉旦”。题刻大小不一，长 0.9 ～ 1.4 米，宽

①石柱土家族自治县第三次全国文物普查领导小组，石柱土家族自治县人民政府：《石柱文物图志》，重庆大学出版社 2012 年版，第 112 页。
②石柱土家族自治县第三次全国文物普查领导小组，石柱土家族自治县人民政府：《石柱文物图志》，重庆大学出版社 2012 年版，第 115 页。

图 6-2-5

图 6-2-6

0.8～0.93 米，记载了庙宇观音洞的历史沿革。据《石柱县志》载，观音洞始建于清乾隆二十三年（1758 年），1966 年因“破四旧”被焚毁，1995 年由乡民们集资重建。

6. 苟二弯石刻（图 6-2-5）①

位于石柱县桥头镇桥头村榜上组，小地名苟二弯，凿于宽约 8 米、高 7 米、南北走向的石崖上，坐西向东，上下题刻共 3 通。题刻 1 刻“禁绝烟毒”，落款“区长周伯玉制　二五□”，阴刻宋体，字为 1 米 ×0.92 米，凿于距地面 2.53 米的石崖上，呈长方形，长 5.5 米，高 1.08 米；题刻 2，刻“上走悦来场，下走石柱城，左走油诈房，右走三教寺，民国二十二年七月十一日立”，为中华民国指路标识，呈龛形，上侧刻有将军箭和旗子，通高 0.85 米，宽 0.55 米；题刻 3，刻“上走大沙坝，下走桥头场，左走□□□，右走文家坵，民国二十二年七月十一日马□明杨□峰立”，同为中华民国指路标识，呈楔形，上侧呈三角形，内刻将军箭，通高 0.75 米，宽 0.5 米。

7. 洞三寨石刻（图 6-2-6）

位于石柱县临溪镇前光村丫口组洞山山顶，遗址呈东西走向，现存前寨门、后寨门、寨墙、寨址、石刻等。其中前寨门由条石砌成，坐北向南，寨门呈拱形，通高 3.77 米，宽 2 米，寨门上题“保安岩”3 个大字，阴刻楷书。寨址较为平缓，寨外岩石上题刻“嘉庆二三四年教匪肆启外地得□杀休境内难保无虞是以地主向天深募化象□名□铛铢伟工修□功完告竣庶几难可□亏己未岁四月初二日开口”，② 竖写楷书，共 4 列，字高 0.9 米，宽 0.3 米。该遗址为当地土家族典型军事山寨。

①石柱土家族自治县第三次全国文物普查领导小组，石柱土家族自治县人民政府：《石柱文物图志》，重庆大学出版社 2012 年版，第 113 页。
②石柱土家族自治县第三次全国文物普查领导小组，石柱土家族自治县人民政府：《石柱文物图志》，重庆大学出版社 2012 年版，第 80 页。

下篇 楹联篇

XIAPIAN YINGLIANPIAN

楹联泛指对联、对子，因古时多悬挂于楼、堂、宅、殿的楹柱而得名，是一种写在纸、布或刻在竹子、木头、石头上的对偶文学。楹联言简意深，上下联对仗工整，平仄协调，字数相同，结构相同，是语言独特的艺术形式。

楹联，作为汉族传统文化的重要组成部分，是汉族文字及汉族文化传承的重要载体。楹联的发展、流传和内容演变都能反映出汉族文化与少数民族文化的碰撞与交流，而渝东南这一少数民族聚居区存有的大量楹联，就是多民族文化交流、融合并发展的佐证。在渝东南各区县，婚丧嫁娶都可以看到应景、应情、应理的楹联张贴在显眼的地方。可以说，作为汉族传统文化之一的楹联已经融入了少数民族文化中，成为渝东南地区少数民族文化的一个重要的符号，是渝东南地区少数民族文化不可分割的重要组成部分。

第一章 山水园林类

大众桥

万顷清波烟一色，

海天霞影鹜起飞。

注：此联刻于酉阳龙潭古镇大众桥。

状元桥

两岸青山钟灵古镇，

百年老校肇锡嘉名。

注：此联刻于酉阳龙潭古镇状元桥。

卧薪亭

衣月无心风扰月，

溪流有韵柳飞花。

注：此联刻于酉阳龙潭古镇卧薪亭。

桃花源牌楼·其一

无影无踪渔郎路志，

有根有据陶令文章。

注：此联刻于酉阳桃花源牌楼，诗人流沙河所书所撰。

桃花源牌楼·其二

时光隧道今通古，

桑竹田园主娱宾。

注：此联刻于酉阳桃花源牌楼，诗人流沙河所书所撰。

太平桥

剑戟拥仙槎，请缨东下三千里；

河山迎使节，敲镫南来第一桥。

注：此联刻于彭水郁山太平桥桥头。

武陵仙山·其一

玉笋凌霄，曾向瓶中靡珠露；

山环皓月，好泛钵里现昙花。

注：此联为黔江武陵仙山门联。

武陵仙山·其二

起来忽听晨钟，上界有声传下界；

到此暂停使节，目游无福许神游。

注：武陵仙山香山寺大门旁曾悬此联，为清代名臣、时任四川学政的张之洞游览武陵仙山时所题。

武陵仙山·其三

一甲一胄，半是英雄半是佛；

不冠不履，既作名士又作仙。

注：清代杨秉璋撰。伏波将军马援曾奉命征讨“武陵蛮”，并下令扩建武陵山山神庙，武陵山便成为佛道圣地。后人为感激这位神道始祖，便在山顶真武观立像供奉，并题联颂之。

武陵仙山·其四

一回温酒思吞海，

几度神狂欲上天。

注：此联为清代学士戴卫亨题写于武陵仙山石庙。

武陵仙山·其五

我佛西来，慧目法云参妙化；

群山北拱，珠林石室护真文。

注：此联为清代文人朱善祥题于武陵仙山佛殿。

武陵仙山·其六

山耸青螺，两角孤云分佛髻；
经传白马，半江皓月印禅心。

注：此联为清代彭水进士李铭熙题于武陵仙山佛殿。

武陵仙山·其七

山名武陵，西方即在眼前，百千里接踵朝山，川内更无香火比；
佛号观音，南摩时闻耳畔，亿万众同声念佛，世界毕竟善人多。

注：此联题于武陵仙山香山寺观音堂。

武陵仙山·其八

走洒瓶中露，
莲生海上花。

注：此联题于武陵仙山香山寺观音堂。

武陵仙山·其九

地结从林通觉路，
人来圯上访仙踪。

注：此联为武陵仙山香山寺门联。

武陵仙山·其十

深山修净行，听暮鼓晨钟，梵音渺渺醒愚梦。
古寺演妙法，洒杨枝甘露，慈云朵朵庇大千。

注：此联题于武陵仙山香山寺客堂。

武陵仙山·其十一

半山落日樵相语，
一径松风僧独归。

注：此联为清代学者邵积成题于武陵仙山。

武陵仙山·其十二

尚爱此山看不足，
每逢佳处辄参禅。

注：此联为张之洞题写于武陵仙山香山寺客堂。

洞天宾馆

万物旅行天地内，
一心常在太虚中。

注：此联刻于黔江太平洞洞口用条石砌成的大门石柱上。

名联坊·其一

尖山似笔，倒写蓝天一张纸；
清江如歌，直唱翠岛三省情。

注：此联题于秀山边城名联坊。

名联坊·其二

尖山似笔，倒写蓝天一张纸；
苗河如墨，狂草大地万卷书。

注：此联题于秀山边城名联坊。

名联坊·其三

尖山似笔，倒写蓝天一张纸；
银河如镜，俯照红尘万颗星。

注：此联题于秀山边城名联坊。

名联坊·其四

尖山似笔，倒写蓝天一张纸；
清江如链，横串边城三颗珠。

注：此联题于秀山边城名联坊。

名联坊·其五

尖山似笔，倒写蓝天一张纸；

边城如画，描绘人间千般情。

注：此联题于秀山边城名联坊。

客寨桥·其一

龙飞古洞，凤起长桥，驷四迢迢君子路；

龟藏深涧，鳖栖浅底，骈鱼畅畅太平江。

注：此联题于秀山客寨桥南头。上联为古联，下联失，后人刘济平续。

客寨桥·其二

边隅一角，长桥卧波通幽去，

过客千年，驷马轻辇古寨归。

注：此联题于秀山客寨桥。

小河桥

跨虹可达黔山远，

策马谁歌蜀道难。

注：此联为秀山刘秉乾题于小河桥。刘秉乾，清光绪年间的廪生，清溪场镇坝麻村交溪场人。

清泉井

井水同三官谨备，

泉源养万民全生。

注：此联题于武隆羊角居委会一组清泉井。清泉井，建筑面积约 16 平方米，井本身为长方形，面积约 2 平方米，深 1 米。井上有龛，龛内原有浮雕及碑文（现已被覆盖），龛外刻着此联。

第二章 楼宇寺观类

赵庄

古镇越渝湘，蜀汉以来，山水不拘形胜地；

龙潭多俊杰，施英而外，风云犹待后来人。

注：此联刻于酉阳赵庄民族风情街牌坊。

龙潭古镇·其一

匹马斩颜良，河北英雄齐丧胆；

单刀会鲁肃，江南名士尽低头。

注：此联刻于酉阳龙潭古镇春秋阁的关公像前。

龙潭古镇·其二

忠厚存世达，

勤俭治家昌。

注：此联刻于酉阳龙潭古镇居民区。

龙潭古镇·其三

诗风敦夙好，

礼乐秀群英。

注：此联刻于酉阳龙潭古镇居民区，横批“诗礼传家”。

崇德报功

堰作滩淘全血食，

善心救主起巴人。

注：此联为彭水万天宫门联。万天宫位于彭水县万足镇，是清代万足镇看戏和祭拜水神李冰父子的地方。万天宫位于主街左侧，坐南向北，呈四合院布局，占地300平方米，建筑面积193平方米，木结构正殿为单檐硬山式屋顶、穿逗式梁架。内设有戏楼和戏台，供有被巴人奉为水神的李冰父子塑像。

向家坝

元蒙尚古，挥戈耀祖，一代英豪，乃文乃武，千秋百代振箕裘；

舜尧虞后，讨伐荣宗，百载雄王，能谋能征，亿年万世建宏阁。

注：此联刻于彭水鹿鸣乡向家坝民居。

云顶寺·其一

此峰真天外飞来，爱朝晖笼罩，暮色苍茫，宝地琳宫宜夏景；

有客自尘中戾止，看四面云山，万家灯火，花团锦簇接春城。

注：此联为彭水云顶寺门联。云顶寺位于乌江摩围山之云顶峰，距彭水县城7千米。据其重建碑记载，云顶寺始建自唐乾符年间（874–879年），为彭水县继开元寺后所建第二座佛寺。云顶寺矗立于万仞之上，高入云际，故取名为“云顶寺”。建成后，虽经历多次培修，然屡遭兵燹，迨于元至正时期（1341—1368年），绍庆府乱，殿宇俱毁，隐于荆榛历二百余年。清康熙时，县令陶文彬重建，竣工于康熙四十五年（1706年）。

云顶寺·其二

萃鱼山鹫岭之奇，金莲扑地，玉笋插天。看四面烟峦：东峙朝阳，西环晚翠，南屏绍庆，北巩高峰。多少羽客仙流，担经挂锡。剧爱残星半敛，旭日初升，万道霞光飞殿壁；

历鸟迹羊肠而上，洞口扪箩，龙头剔藓。羡一年风景：春阴薄暖，夏暑微凉，秋雨乍晴，冬雪新霁。惹得骚人逸士，着履扶筇。每当夜月凭栏，清霜欹枕，满城灯火入楼台。

注：此联刻于彭水云顶寺大殿两旁。

瑞映灵峰

甘露凝成千佛果，

雨花散作万家春。

注：此联为彭水开元寺门联。开元寺，在今郁山镇政府原址，现存门前石梯及石梯中段石门，始建于唐玄宗开元年间（713—741年），故得名。上殿为清乾隆辛丑年（1781年）培修，下殿为清同治丁卯年（1867年）重建。1983年，彭水县人民政府将开元寺定为县级文物保护单位，并立了保护石碑。当时开元寺尚存中殿以

下四合院庙宇，建筑面积372平方米。①

三台书院

上中下象列三台，遥遥星斗；

解会状蝉联一路，步步云梯。

注：此联为清代文人于德松题于黔江三台书院。该联已被收入《重庆·书院对联集锦》。

灵应寺·其一

灵山有路，游来尽圣域贤关；

玉宇无尘，望去皆松风水月。

注：此联刻于黔江灵应寺外两边的条石门枋上。

灵应寺·其二

世间多少人，不如我罗汉；

非是肚皮大，凡事看得淡。

注：此联刻于黔江灵应寺。寺庙石门里面有一座高约4米的石塔，石塔下方设有一神坛，神坛上方立有观音塑像。石塔上方是一尊弥陀佛像，雕刻得惟妙惟肖，佛像两旁刻着此联。

惜字库

覆藏原有石，

爱惜本如金。

注：此联位于黔江惜字库第二层。

宝塔千年

松影空禅口，

山观悟性胜。

注：此联刻于黔江石会斜岩寺塔墓。

---

①蔡盛炽、高仲：“郁山九宫十八庙历史沿革考略”，载《重庆教育学院学报》2011年第2期。

彩焕龙门

摆手腾欢，九洞三峡迎贵客；

行云流水，千歌万曲慰知音。

注：此联刻于黔江小南海摆手堂。

濯水古镇·其一

古镇澜回，千声犹荡土家韵；

高台风起，百载远惊巫峡云。

注：此联刻于黔江濯水古镇戏楼正面，张绍斌题。

濯水古镇·其二

丝弦醉月，水袖裁云，演古镇传奇，半台锣鼓半台戏；

韶乐绕梁，霓裳焕彩，添武陵神韵，百代风骚百代情。

注：此联刻于黔江濯水古镇戏楼背面，吴广波题。

濯水古镇·其三

两水润新园，绕岸轻波堪濯足；

七弦萦古镇，连台好戏可清心。

注：此联刻于黔江濯水古镇禹王宫，张文武题。

濯水古镇·其四

深径绕庭轩，几历沧桑，犹存一院坚贞气；

敞厅留岁月，屡经霜雪，未泯千秋侠义风。

注：此联刻于黔江濯水古镇樊家大院，董汝河题。

濯水古镇·其五

抱璞怀真，衣食自经营，庭除不使喧尘到；

乐施好善，精神长播布，兰桂时吹淑气来。

注：此联刻于黔江濯水古镇龚家抱厅，浙江义乌人楼立剑题。

濯水古镇·其六

借融融月色，梦到阿蓬，诗文一脉传香远；

将淡淡心尘，浣之濯水，风物百年沁玉清。

注：此联刻于黔江濯水古镇余家大院，张立俊题。

濯水古镇·其七

血融蒙汉，族出八贤，家山总带芝兰气；

心浸诗书，儒承百代，梓巷犹传翰墨香。

注：此联刻于黔江濯水古镇余家大院八贤堂，王敬题。

濯水古镇·其八

雕梁画栋，不铆不钉，喻众人不伪不斜不诈；

阔门豪宅，大开大合，装天下大仁大义大忠。

注：此联刻于黔江濯水古镇汪家一号院，刘志钢题。

濯水古镇·其九

木柱木梁特色，数山地家居，阿蓬江畔汪家院；

古风古韵依然，溯川渝业界，濯水镇中商业街。

注：此联刻于黔江濯水古镇汪家二号院，程经华题。

濯水古镇·其十

庭院深深，风雨几多人过往；

红尘漫漫，春秋一任我经营。

注：此联刻于黔江濯水古镇吊脚楼客栈，张志强题。

濯水古镇·其十一

风雨不惊，听隐隐号声，韵融古镇两江水；

沧桑难抹，看层层油印，香入老翁一袋烟。

注：此联刻于黔江濯水古镇汪家作坊，张绍斌题。

濯水古镇·其十二

秋月晴明，月照人酤村酒醉；

春风煦暖，风流木榨菜油香。

注：此联刻于黔江濯水古镇汪氏油号，吕可夫题。

濯水古镇·其十三

光前裕后，立信开诚，百鼎精深欣济世；

顺道应天，扶危解难，九芝馥郁巧回春。

注：此联刻于黔江濯水古镇光顺号，李忠云题。

濯水古镇·其十四

祸福孰料，跨过此桥无风雨；

来去当知，登及彼岸是吉祥。

注：此联刻于黔江濯水古镇风雨廊桥，付胜德题。

秀女壁画

石壁风清瑶池草秀，

洞天春暖玉笛□□。

注：此联为黔江阿蓬江镇草圭堂秀女壁画上的楹联。

马氏宗祠

世系传之汉朝将军门第，

苗裔遗于石柱巨族人家。

注：此联刻于石柱马氏宗祠。

大都督府

汉时将军甲第，

明朝都督人家。

注：此联为彭水太保祠大门门联。大都督府，又名太保祠，府门悬挂“大都督府”匾额，正殿悬挂御赐“忠义可嘉”匾，四周立文人墨客题咏碑刻。

秦良玉陵园

石柱犹存良玉踪，

蜀中巾帼富英雄。

注：此联为石柱秦良玉陵园门联。

银杏堂・其一

存一点慈悲心，方可登堂观自在；

有十分紧固力，再为入寺拜如来。

注：银杏堂位于彭水，前殿供大肚如来佛像，殿左右供四大天王像，此联刻在殿中两根大石柱上。

银杏堂・其二

身现将军，银杏安禅凭一杆；

相严菩萨，金盘呈供感三洲。

注：银杏堂位于彭水，后殿供奉韦陀像，韦陀像两侧石柱上刻此联。

银杏堂・其三

善男子尚知般若真性，未曾有始有终；

大丈夫须发菩提道心，毕竟无去无来。

注：银杏堂位于彭水，弥勒殿后为大雄宝殿，殿前两根石柱刻联三；后殿供奉千手观音，有“慈航普渡（度）”横匾悬于龛上。

联芳寺

和尚尚和监尚清守空门，规条沙明水净；

施主主施不主受索福地，钱粮瓦解冰霜。

注：此联为石柱联芳寺门联，明代庠生曾永道题。

三教寺・其一

神光有感，长纳千祥；

佛法无边，永照百福。

注：此联刻于石柱三教寺第二殿前殿，横额为“万德庄严”。该寺距县城7千

米，地处三河镇的回龙山上。三教寺是集儒、佛、道三教于一体的寺庙，也因此得名。它也是唯一一座经皇帝御批，和尚可以婚配的寺庙。[①]

三教寺·其二

德侔天地，道冠古今；

删述六经，垂宪万世。

注：此联刻于石柱三教寺孔子塑像两旁。

三教寺·其三

同天养老，文章道德圣人家；

与国咸休，安富尊荣公府第。

注：此联为石柱三教寺文庙门联。

三教寺·其四

信佛信道信儒即信善，

思名思利思德不思邪。

注：此联为石柱三教寺侧门门联。

三教寺·其五

失人心者失天下，

得民心者得社稷。

注：此联刻于石柱三教寺内。

大寨坎

御暴乃为关，险隘新增蜀剑阁；

避秦原有路，入门便是小桃园。

注：大寨坎坐落在渝东南边陲的石柱桥头镇马鹿山上，大寨坎由石寨、石梯和石刻组成，是一座蕴藏丰富的文物宝库。始建于元代，是古蜀道上的重要关隘。清道光十九年（1839 年）增修石寨门，寨门镌此联，由县人杨懋修题写。

---

①陈刚权："三教寺"，载《重庆晚报》2011 年 3 月 7 日。

万寿山

奇山奇水，此间宜有奇杰；

寿民寿国，随在可为寿征。

注：万寿山，又名万寿寨，位于石柱县城东部20千米处，是以明代秦良玉筑寨御敌古战场为主的历史文化景区。第一道寨门石门压顶，门框上刻联，门额刻有“万寿山”3个大字。

盘龙寨

鸡犬晏然，地拟桃园能避世；

崖关屹尔，从此鹿砦好移居。

注：盘龙寨与万寿寨隔河对峙。寨门门匾曰“锁住盘龙”，门左右两旁刻此联。盘龙寨于1925年曾扩建，县境历来为土家族人民居住地，且长期为土司管辖，司署曾令陈、谭、冉等十三族各立寨栅训练兵丁，无事尽力农耕，有警，闻号齐集，各寨并起，悉听指挥。

人和寨

地无不利，人无不和，据我汉水方域，来时幸无警惧；

进足可攻，退足可守，信他土匪流寇，到此立见消土。

注：此联为石柱人和寨门联，清道光十九年（1839年）杨懋修题。

龙骨寨

愿四方日富日贵日康宁，

朝名山多福多寿多吉庆。

注：龙骨寨位于石柱回龙场背后的山上，寨门镌刻此联。

永庆安全

溪水似桃源福地，

岑楼如乐壶洞天。

注：此联镌刻于石柱新场碉楼。

太平有象

三经月明花作望，

四山雪合树为屏。

注：此联镌刻于石柱新场碉楼。

酢坊碉楼

飞阁重楼金汤永固，

崇山峻岭盘石久安。

注：此联刻于石柱酢坊碉楼，该碉楼修筑于 1932 年。

石井碉楼

海阔天空，日长山静；

水流云在，月照风来。

注：此联刻于石柱石井碉楼，该碉楼修筑于 1964 年。

彭水县模范小学

及时兴学，

为国储才。

注：此联为 1912 年题的，石柱模范小学校联，县人杨应玑题。

简易师范校

不敬师长天诛地灭，

误人子弟男盗女娼。

注：此联为石柱县立简易师范校（现为重庆市石柱中学校）校联，县人汪海泉题。

山河聚秀

承七龄家风永垂燕翼，

绍三槐卉泽丕振鸿基。

注：此联为石柱河嘴乡湾底院子（谭家院子）门联。

谭家院子后厅联

创业维艰，而小子顺泛艰处着想；

守成不易，愿后人莫以易时为心。

注：此联刻于石柱河嘴乡湾底院子（谭家院子）后厅石柱。

云顶寺·其一

倚傍本全空，高掌擎天，直同泰岳岩岩，弥望山河归宇下；

细缊符大造，无心出岫，行见升云阛阛，崇朝霖雨遍人间。

注：此联为武隆云顶寺题联。

云顶寺·其二

鹿洞溯遗徽，贤宰官乡近新安，吏治都由经训出；

出堂勤考查，诸君子居邻旧馆，人才应得地灵多。

注：此联为武隆云顶寺题联。

大石寺·其一

幽冥生死路，

赏罚落魂台。

注：此联刻于武隆西部边陲凤来乡大石寺庙群的鬼门关两旁。

大石寺·其二

请看冥司注禄，

善恶两等各分。

注：此联刻于武隆西部边陲凤来乡大石寺庙。

大石寺·其三

奸险贪馋求福庇，

公平正大质神明。

注：此联为武隆西部边陲凤来乡大石寺庙黑神殿门联。

大石寺·其四

修心须悟存心妙，

炼性当知养性安。

注：此联刻于武隆西部边陲凤来乡大石寺庙老君殿的殿前牌坊正面。

大石寺·其五

丹炉夜气凝金液，

石洞春风长云烟。

注：此联刻于武隆西部边陲凤来乡大石寺庙老君殿的殿前牌坊背面。

大石寺·其六

心境空明，百尺虬松皓月；

仙源缥缈，一溪春水桃花。

注：此联刻于武隆西部边陲凤来乡大石寺庙老君殿内老君塑像两侧。

大石寺·其七

翠竹香山，仙方仙境双龙殿；

琉璃宝藏，四季佛口变乾坤。

注：此联为武隆西部边陲凤来乡大石寺庙观音堂门联。

大石寺·其八

参拜二仙，金殿礼别转金阙；

初升上朝，三十三天玄女像。

注：此联为武隆西部边陲凤来乡大石寺庙眼光殿门联。

凤鸣书院

碧海熟探珠，水涌渔家，定有巨鳞变化；

丹心真养翮，堂依凤岭，快看神鸟皋翔。

注：此联为秀山于蔚华为凤鸣书院题联。于蔚华，江督人，进士，道光四年（1824 年）秀山知县，为政宽容仁厚且重视修学，道光十二年（1832 年）死于任上。

云台寺

云不染红尘，被煨芋山僧，捋一片拿来补纳；
台堪临碧落，有佛犁居士，前十年在此披襟。

注：此联题于秀山云台寺。

石堤下码头

日有千人拱手，
夜照万盏明灯。

注：此联题于秀山石堤下码头。

宋农土王庙·其一

入蜀数百年，九房瓜瓞绵长泽；
传家经千载，十族天潢永流芳。

注：此联题于秀山宋农土王庙。

宋农土王庙·其二

日居月诸临下土，
星拱龙扶卫中央。

注：此联题于秀山宋农土王庙。

宋农土王庙·其三

官流齐国幼臣邑，
世守西水密相家。

注：此联题于秀山宋农土王庙。

宋农土王庙·其四

汉马功垂麟阁古，
紫荆族发雁门奇。

注：此联题于秀山宋农土王庙。

宋农土王庙·其五

率十姓以开黔之德，立功在昔，铭列朝竹帛；

控百蛮而袭爵进官，世守于今，重无土衣冠。

注：此联题于秀山宋农土王庙。

石耶土司署衙暨杨氏宗祠联

守祖宗一派真传，日勤日俭；

教儿孙两条正路，唯读唯耕。

注：此联题于秀山石耶土司署衙暨杨氏宗祠。

清溪禹王宫戏台联

士农工商，高谈阔论分有趣；

谈吹扯唱，停腔落板妙如神。

注：此联为秀山清溪禹王宫戏台联。

吏目张飞庙（桓侯宫）联

我从上天降临不受祭祀，

尔从此道来往自然平安。

注：此联题于秀山吏目张飞庙（桓侯宫）。

平凯护国寺联

护法无边民生永赖，

国家有道佛法常昭。

注：此联是在清康熙十年（1671 年）题写于秀山平凯护国寺。

钟灵寺联

晨钟暮鼓，警醒世间名利客；

经声佛号，唤回苦海来路人。

注：此联题写于秀山钟灵寺。

下衙杨氏宗祠联

灵秀熠西山，罗列千峰荫起，儿孙齐礼拜；

雄恃依北极，联成贰气上冲，斗牛焕文光。

注：此联题写于秀山下衙杨氏宗祠西门。

司城门联

忠孝有团圆，使君子扬眉吐气；

奸邪无结果，令小人触目惊心。

注：此联题写于秀山司城门。

司城街杨氏宗祠联

门第维新，自有嘉祥垂瑞气；

家庭无事，许多乐趣在天伦。

注：此联题写于秀山司城街杨氏宗祠。

龙池街口陈母节孝枋联

仗家太守生，陈母心番慈母训；

刀断夫人皮，李家原是旧家风。

注：此联为李稷勋题写于秀山龙池街口陈母节孝坊。陈母，李稷勋生母，曾剐肉侍母，奉为至孝。

石堤周氏宗祠联·其一

千秋瓜瓞连江祖，

百代衣冠绍汝南。

注：此联题于秀山石堤周氏宗祠。

石堤周氏宗祠联·其二

继承西周美德亚夫壮志，

发扬茂叔文风树人思想。

注：此联题于秀山石堤周氏宗祠。

题秀山女校

作盖世美雄，休贪红粉；

愿同胞姐妹，勿负青年。

注：此联题于秀山的秀山女校。

秀山龙池小学

桃李进芳园，虎观先声开凤岭；

江山留胜迹，丽珠探得是龙潭。

注：此联为张广楠题于秀山龙池小学。张广楠，秀山光绪年间的知县。

秀山石江中学・其一

石上清泉，诸君不舍昼夜；

江中明月，来此映带人文。

注：此联为杨自新题于秀山石江中学。杨自新，邑人，二中（时称石江中学）教员。

秀山石江中学・其二

三年学辛苦常备，不可以一得自足，再接再厉；

诸师友卓育并重，俨然若十目所视，忽怠勿荒。

注：此联为杨自新题于秀山石江中学。

永兴学堂联

永昼高歌，相观瀑布奔流，浪涌神龙归大海；

兴怀论道，默数奇峰冈峦，翩联学士步瀛洲。

注：此联题写于秀山中华民国永兴学堂。

第三章 题赠哀挽类

德配甘棠

泽沛苍生通都大邑仰舜日，
恩覃黎庶海筮山陬乐尧天。

注：此联刻于酉阳黑水镇宝剑村的“宝剑”石碑。

冉匡九墓墓联·其一

把剑慨生平，辅正祛邪，一腔惟存豪侠气；
题碑览名胜，钟灵毓秀，四围环列子孙山。

注：此联为彭水冉匡九墓墓联。冉匡九名崇谦，号潜溪子，生于1894年，冉匡九虽然是有地、有钱、有武装的士绅，但他很开明，在当地有很好的口碑，且写得一手好颜体字，还能作诗。

冉匡九墓墓联·其二

林壑卡幽居，全受全归，几点梅花同万古；
典型留正气，不澌不灭，一轮明月伴千秋。

注：此联为彭水冉匡九墓墓联。

冉匡九墓墓联·其三

莫嫌二酉溪边，当年错种别离草；
但愿三生石上，异地重开姐妹花。

注：此联为彭水冉匡九墓墓联。

冉匡九墓墓联·其四

淑魄芳魂，随玉笛梅花而早去；
闺型阃范，共青山绿水以长存。

注：此联为彭水冉匡九墓墓联。

冉匡九墓墓联·其五

生同衾，死同穴，山海盟言咸白首；

琴再断，弦再续，姻缘错误憾苍天。

注：此联为彭水冉匡九墓墓联。

冉匡九墓墓联·其六

拟把衰年托娇女，

谁知白首送琼枝。

注：此联为彭水冉匡九墓墓联。

冉匡九墓墓联·其七

浥露神元淡，凌霜志愈苍；

只图全晚节，何意殿群芳。

注：此联为彭水冉匡九墓墓联。

挽陶中山·其一

风追五柳，笔扫千人，想先生揭地掀天，留得大名光宇宙；

泽被三槐，香焚一瓣，在后死铭心镂骨，聊将善诱志山邱。

注：此联为清代光绪年间，黔江王天秩以学生身份挽老师陶中山。

挽陶中山·其二

天意茫茫，五百年道统攸归，幸侍先生几席；

祭怀渺渺，二三子人材造就，得闻夫子文章。

注：此联为清代光绪年间，黔江杨友贤以学生身份挽老师陶中山。

陶洪树墓墓联

手泽犹存乎，遗简残篇，空余傅隆八千纸；

故乡何处也，人间天上，迟期颜子十四年。

注：此联为酉阳直隶州州牧赵藩祭黔江人陶洪树的楹联。

挽李士乙

华为皋羽云千里，

数到灵芝露几茎。

注：此联为黔江罗大明题清太学生李士乙先生华表联。

龚缙墓墓联

武陵渤海，庆衍一堂，喜今番窀穸吉成，永崇千秋祀典；

盘石宝田，方流万代，问谁是箕裘克绍，丕振九世家声。

注：此联为清同治六年（1867年）黔江人龚缙墓墓联。

费韫山和张氏合葬墓墓联·其一

蜀国忠臣长留世泽，

唐时孝子不坠家声。

注：此联为清同治十三年（1874年）黔江人费韫山、张氏合葬墓墓联，进士庞章程撰写。

费韫山和张氏合葬墓墓联·其二

世世生生九原偕老，

风风雨雨万古不磨。

注：此联为清同治十三年（1874年）黔江人费韫山、张氏合葬墓墓联，进士庞章程撰写。

徐炳然墓墓联

事列丰碑今古在，后脉来千里；

耿钟吉穴子孙贤，前山拱二郎。

注：此联为清同治十三年（1874年）黔江人徐炳然墓墓联，徐廷恺撰写。

赵其绪墓墓联

忆当年勤苦鸡窗，书声不断三台月；

欣此日崇对马鬣，瑞气时蒸八面云。

注：此联为清光绪五年（1879年）黔江人赵其绪墓墓联，赵大煊题。

陶永年墓墓联

创业守成，休先被后；

归真返璞，奕叶刘（留）芳。

注：此联为清光绪十三年（1887 年）黔江人陶永年墓墓联，太学生陶裕良题。

龚克林墓墓联

身历五朝数甲子，

眼观四代乐儿孙。

注：此联为清光绪十五年（1889 年）黔江人龚克林墓墓联，进士刘肇铭题。

陶奎楼墓墓联

碧柳当前，依旧先生宅；

白云在望，长留处士风。

注：此联为清光绪十九年（1893 年）黔江人陶奎楼墓墓联，姚可钦题。

陶洪禄墓墓联

寿考跻百年，兄弟随肩，生际圣朝旌绰楔；

家风承五柳，孙曾绕膝，蔚为人瑞式乡闾。

注：此联为清光绪二十一年（1895 年）黔江人陶洪禄墓墓联，赵藩撰写。

聂氏华表联

相夫子无违，德教久钦函丈外；

待乡人以惠，口碑同载道途中。

注：此联为清朝光绪二十九年（1903 年）黔江人陶母聂氏华表联，杨友贤撰写。

谈茂林墓墓联

赤手启鸿图，不愧克家令子；

丹忱醒狮睡，足为开国功臣。

注：此联为 1912 年黔江人谈茂林墓墓联，王国珍撰写。

王德谦和陈氏合葬墓墓联·其一

松楸永值瞻操节，

碑碣崇封仰德晖。

注：此联为 1913 年黔江人王德谦、陈氏合葬墓墓联，陈炳昂题写。

王德谦和陈氏合葬墓墓联·其二

节守同封，母道兼父道；

孝思不匮，吾翁即若翁。

注：此联为 1913 年黔江人王德谦、陈氏合葬墓墓联，陈星垣题写。

陶裕震墓墓联

马鬣附先茔，剩有金丝，地下谈经寻派远；

鸿文留祖墓，相传薪火，我来题石寄情深。

注：此联为 1922 年黔江人陶裕震墓墓联，陶鲁淑题赠。

陶永胜墓墓联

勤俭矢高风，克绍箕裘光闾里；

精灵锺吉壤，贻谋燕翼启人文。

注：此联为 1925 年黔江人陶永胜墓墓联，陶洁斋题。

李氏华表联

名花玉瘗烟霞古，

吉水香浮俎豆新。

注：此联为 1936 年黔江人罗母李氏华表联，介石生书。

李太君墓墓联·其一

佳城干气象，看神岩虎路水寨；

吉地卜灵长，有鹰咀旌标马（码）头。

注：此联为 1939 年黔江人杨母李太君墓前牌坊正面联，横额为“幽光焕彩”，冉选三题。

李太君墓墓联·其二

其人本为蘖饮冰松筠柏，

此地言崇山峻岭霞蔚云。

注：此联为1939年黔江人杨母李太君墓前牌坊背面联，横额“精气流光”，冉选三题。

李太君墓墓联·其三

山河相拱护，

亭阁耸高低。

注：此联为1939年黔江人杨母李太君墓前牌坊顶联，横额为“母范千秋”，冉选三题。

李太君墓墓联·其四

人杰地灵，千条瑞气冲霄汉；

物华天宝，万道祥光射天牛。

注：此联为1939年黔江人杨母李太君墓前牌坊主联，冉选三题。[①]

蒲氏墓墓联

寿享遐龟龄，与夫君生隔一年，死同正月，择穴在良辰，秀水奇山留万古；

封高筑马鬣，羡姻嫂庭趋二子，膝绕群孙，食瓜刚令节，垂碑勒石颂千秋。

注：此联为1943年黔江人龚母蒲氏墓墓联，陈殿灵题。

勋名一世

勤王有名祯，巾帼一人骁将略；

袭土服清懿，锦袍帛带仰官仪。

注：此联为石柱回龙山秦良玉墓墓联。相传秦良玉死后发丧时，有48个棺材同时上山分赴48口井，埋葬于48个地主的48座坟。有一支分队赶赴秦良玉老家忠州下葬，其余47座坟在石柱境内。48支队伍按规定的时间返回后同时一起用餐，结果皆因吃下了预先投毒的饭菜而身亡，这样秦良玉的真墓在哪儿就成了千古之谜。

①重庆市黔江区政协学习文史委：《黔江文史（四）·墓志铭专辑》，2006年，第310～311页。

温太权夫妇墓墓联

来龙运合金鸡叫，

地脉文开玉鼓鸣。

注：此联为石柱温太权夫妇墓墓联。

杨柏舟自勉联·其一

半世英雄终归土，

一心革命付与天。

注：此联为秀山杨柏舟自勉联。

杨柏舟自勉联·其二

每思补过心殊泰，

常恐招尤气自平。

注：此联为秀山杨柏舟自勉联。

杨芳题联·其一

天墀礼乐三千字，

海国鲲鹏九万风。

注：此联为杨芳题于秀山。杨芳（1770—1846 年），字诚村，秀山九江人。历任固原、甘肃、四川、广西和湖南等省提督，封诚勇巴图鲁、一等果勇侯或建威将军等。清道光二十三年（1843 年）告老还乡，三年后病逝于家中，享年 76 岁，谥号“勤勇”。

杨芳题联·其二

石能有韵皆人谱，

花纵无名也不删。

注：此联为杨芳题于秀山。

杨芳题联·其三

有关世教书多读，

怕对人言事莫为。

注：此联为杨芳题于秀山。

杨芳题联·其四

不大点地方，可家可国可天下；

是平常人物，乃文乃武乃圣神。

注：此联为杨芳题于凤凰陈家祠堂戏台。

杨芳题联·其五

宋英惠，元平蛮，清果勇，祚土分茅，赫赫侯封传世远；

始关西，继楚北，再黔南，同宗共祖，绵绵瓜瓞历年多。

注：此联是杨芳为印江县凯望乡杨氏宗祠撰联。

杨芳题联·其六

名城西极，欣故人有子；

觞晋北堂，庆慈母延年。

注：此联为杨芳贺随从王道行之母寿辰。

杨芳题联·其七

忌我何尝非赏识，

欺人毕竟不英雄。

注：此联为杨芳题于秀山。

杨芳题联·其八

文章重价值，数载琢磨，一朝投笔酬吾愿；

功过未分明，几回挫折，万里来归慰梓情。

注：此联为杨芳题于秀山。

杨芳题联·其九

人于水竹得深趣，

天以风月娱幽情。

注：此联为杨芳题于秀山。

杨芳题联·其十

苍岩云欲住，
洱海月常流。

注：此联为杨芳题于秀山。

杨芳题联·其十一

甘露庆云于时为瑞，
珠晖玉照盖代之华。

注：此联为杨芳题于秀山。

杨芳题联·其十二

茶亦醉人何必酒，
口犹耐雪况于松。

注：此联为杨芳题于秀山。

杨芳题联·其十三

每思于物有济，
常愧为人所容。

注：此联为杨芳题于秀山。

杨芳题联·其十四

物不求余随处是，
事如能省即心清。

注：此联为杨芳题于秀山。

题秀山书法大师文伯子遗墨

虎虎有生气，
器器还俗尘。

注：此联为蔡元培为秀山书法大师文伯子遗墨题联。蔡元培，著名教育家，浙江人，曾任北大校长，新文化运动的积极倡导者。

李稷勋挽联·其一

铁因盒，撰述犹新，读劫后留碑，堕泪有同兰叔；

津停宴，风流顿息，对镜中遗像，买丝欲绣平原。

注：此联为梁正磷为李稷勋题写的挽联。梁正磷，四川长宁人，号叔子，与李稷勋友善。

李稷勋挽联·其二

此邦胜迹，传闻记载风流。经著离骚，则行咏屈子。村留香艳，则生辰名妃：更看沙堵气钟灵，独拜重臣张太岳；

锦里寓公，尊仰典型耆旧。涌泉考感，有尸汉江传。留洞名题，有眉州苏轼：况复东山碑志痛，难忘老友李瑶琴。

注：此联为梁正磷为李稷勋题写挽联。

挽提督杨朝林

掌三军令，受一品封，想当年，作威作福，许多学士名流，俯首甘为门下仕；

营万顷田，置千间屋，到而今，无儿无女，独舍娇妻美琪，伤心痛苦枕边人。

注：杨朝林，字耀廷，秀山人，咸丰初从征，累受军功，同治元年（1862 年）升任宜昌总兵，死后葬于蚂蝗，20 世纪 80 年代墓被盗，如今坟墓已空。

熊湘挽联·其一

深心托毫素，

高谊薄云天。

注：此联为秀山李稷勋为熊湘题写的挽联。熊湘，龙池人，乡绅，1918 年李善波围困县城 48 天，熊湘曾带领城内居民奋起抵抗，直至李善波退却。

熊湘挽联·其二

情以亲而密，理以急相依，忆当年，困处围城，五九日力尽周旋，弹雨枪林同患难；

古以憨见称，今以直而现，惟先生，长留正气，百千勋名垂不朽，风流余韵切思维。

注：此联为秀山的熊湘挽联，作者不详。

题秀山联

此帮亦号成都，四方云山开沃野；

胜地旧名秀山，一江春水绕边城。

注：此联为张广楠在清光绪年间担任秀山知县时题写。

题《秀山县志》

秀气贯全球，蜀道崎岖山色秀；

山光映一宇，川流清湍秀盈山。

注：此联为杨连正为《秀山县志》所题。

响塘生墓墓联

水秀山明，多福多寿多男子；

地灵人杰，中魁中甲中三元。

注：响塘生墓位于武隆白云乡红云村白树垭小组，修建于明天启三年(1623年)。该墓雕刻精美，形制独特，具有武隆目前已知唯一的墓室壁画。

邓德富夫妻合葬墓墓联·其一

聊捧一坯土，

且安千古灵。

注：此联刻于武隆邓德富夫妻合葬墓。

邓德富夫妻合葬墓墓联·其二

子山吉荣穴，

午向富贵长。

注：此联刻于武隆邓德富夫妻合葬墓。

邓德富夫妻合葬墓墓联·其三

忠厚留余穴，

成仕多可宽。

注：此联刻于武隆邓德富夫妻合葬墓。

邓德富夫妻合葬墓墓联·其四

日月光天然，

山河壮地居。

注：此联刻于武隆邓德富夫妻合葬墓。

樊君洪夫妻合葬墓墓联·其一

百世流芳元，

千里富贵长。

注：此联为武隆樊君洪夫妻合葬墓墓联。

樊君洪夫妻合葬墓墓联·其二

千里来龙穴，

万代子孙兴。

注：此联为武隆樊君洪夫妻合葬墓墓联。

黄九银墓墓联·其一

龙蟠凤翥卜云其吉，

地灵人杰长发其□。

注：此联为武隆黄九银墓墓联。

黄九银墓墓联·其二

佳城唯翠固，

大地永钟灵。

注：此联为武隆黄九银墓墓联。

红军坟墓墓联

为有牺牲多壮志，

敢叫（教）日月换新天。

注：此联刻于武隆红军坟。

吴文学墓墓联

德盖乡邦永，

名留草木香。

注：此联刻于石柱吴文学墓。

秦大惠夫妇合葬墓墓联·其一

黄金入炼杰，

善士遇弥功。

注：此联刻于石柱秦大寭夫妇合葬墓。

秦大惠夫妇合葬墓墓联·其二

事顺身安德似盛，

道难意应口如盈。

注：此联刻于石柱秦大寭夫妇合葬墓。

秦大惠夫妇合葬墓墓联·其三

花香很近德香远，

世味泊粗道味长。

注：此联刻于石柱秦大寭夫妇合葬墓。

秦昌惠夫妇合葬墓墓联·其一

宇宙无灵显至巧，

山川有贵示全□。

注：此联为石柱秦昌寭夫妇合葬墓墓联。

秦昌惠夫妇合葬墓墓联·其二

潮水恒流山自静，

信很坚定俗□□。

注：此联为石柱秦昌寭夫妇合葬墓墓联。

秦昌惠夫妇合葬墓墓联·其三

浮荣不足满人意，

永福方能充善□。

注：此联为石柱秦昌惠夫妇合葬墓墓联。

秦昌惠夫妇合葬墓墓联·其四

福后百旬一夜梦，

神修片刻万年勋。

注：此联为石柱秦昌惠夫妇合葬墓墓联。

秦大举夫妇合葬墓墓联·其一

钦主爱人天直路，

克私寡□登梯□。

注：此联为石柱秦大举夫妇合葬墓墓联。

秦大举夫妇合葬墓墓联·其二

富贵百旬一夜梦，

神修片刻万年勋。

注：此联为石柱秦大举夫妇合葬墓墓联。

秦大举夫妇合葬墓墓联·其三

天香荣福始无疆，

幻世禄财终有尽。

注：此联为石柱秦大举夫妇合葬墓墓联。

周盛徒夫妇合葬墓墓联

鲤庭日暖营窀穸，

凤诰□贞□□□。

注：此联为石柱周盛徒夫妇合葬墓墓联。

毛时琏夫妇合葬墓墓联·其一

马鬣神应固，

龙山气自长。

注：此联为石柱毛时琏夫妇合葬墓墓联。

毛时琏夫妇合葬墓墓联·其二

脉拥文村钟灵吉，

墓近华架瑞霭佳。

注：此联为石柱毛时琏夫妇合葬墓墓联。

邓延赞夫妇合葬墓墓联·其一

千里来龙拱二穴，

一团吉地双双星。

注：此联为石柱邓延赞夫妇合葬墓墓联。

邓延赞夫妇合葬墓墓联·其二

灵枝玉树光前德，

明月清风伴衣尘。

注：此联为石柱邓延赞夫妇合葬墓墓联。

Cankao Wenxian 参考文献

[1]太田有子，杨凌.中国古代的夫妻合葬墓[J].华夏考古，1989（4）.

[2]黄乾松. 唐长孙无忌墓与其人[J].四川文物，1991（1）.

[3]四川省黔江土家族苗族自治县志编纂委员会.黔江县志[M].北京：中国社会出版社，1994.

[4]四川省武隆县志编纂委员会. 武隆县志[M].成都：四川人民出版社，1994.

[5]石柱土家族自治县地方志编纂委员会.石砫县志[M]. 重庆：西南师范大学出版社，2013.

[6]彭水百科编辑组.彭水百科[M].成都：四川人民出版社，1998.

[7]彭水县志编纂委员会.彭水县志[M].成都：四川人民出版社，1998.

[8]金其桢.中国古代碑刻的文字语言价值[J]. 寻根， 1999（3）.

[9]秀山土家族苗族自治县县志编纂委员会.秀山县志[M].北京：中华书局，2001.

[10]《酉阳县志》编纂委员会.酉阳县志[M].重庆：重庆出版社，2002.

[11]金其桢.论牌坊的源流及社会功能[J].中华文化论坛，2003（1）.

[12]彭水苗族土家族自治县民族宗教志编纂委员会.彭水苗族土家族自治县民族宗教志[M].重庆:重庆出版社，2003.

[13]李翀.历代善本碑刻：麓山寺碑[M].杭州：浙江人民美术出版社，2006.

[14]辛灵美.贞节牌坊考论[J].聊城大学学报（社会科学版），2006（4）.

[15]重庆市黔江区政协学习文史委.黔江文史（四）·墓志铭专辑[Z].2006.

[16]周晏.乌江烈女岩题刻考读[J].涪陵师范学院学报，2006（4）.

[17]包泉万，王春英.中国碑刻的故事[M].济南：山东画报出版社，2007.

[18]刘敏.两朝良佐——长孙无忌[J].国学，2007（4）.

[19]《彭水苗族土家族自治县概况》编写组,等.重庆彭水苗族土家族自治县概况[M].北京：民族出版社，2007.

[20]彭福荣，李良品，傅小彪.乌江流域民族地区历代碑刻选辑[M].重庆：重庆出版社，2007.

[21]《石柱土家族自治县概括》编写组，等.重庆石柱土家族自治县概况[M].北京：民族出版社，2008.

[22]石柱土家族自治县地方志编纂委员会.石柱土家族自治县志（1986—2002）[M].重庆：西南师范大学出版社，2008.

[23]毛远明.碑刻文献学通论（繁体版）[M].北京：中华书局，2009.

[24]邵陆，酉阳自治县档案局.酉阳州志[M].成都：巴蜀书社，2010.

[25]喻中.贞节牌坊背后的制度信息[J].比较法研究，2010（5）.

[26]余继平.乌江流域民族民间美术研究与集成[M].重庆：重庆出版社，2011.

[27]重庆市秀山土家族苗族自治县文物管理所.秀山自治县第三次全国文物普查成果专辑[Z]，2012.

[28]罗万明.酉阳自治县不可移动文物总目[Z].2012.

[29]石柱土家族自治县第三次全国文物普查领导小组，石柱土家族自治县人民政府.石柱文物图志[M].重庆：重庆大学出版社，2012.

[30]武隆县文物管理所.武隆县文物志[M].成都：巴蜀书社，2012.

[31]刘济平，等.秀山历代诗联选[Z].2013.

[32]武隆县档案局.武隆旅游志[Z].本书正在编纂，尚未出版.

[33]王刘纯，李红等.中国历代碑刻整拓珍本·张迁碑[M].郑州：大象出版社，2013.

[34]郭辉东.乾州节孝牌坊的历史考证与文化解读[J].武陵学刊，2014（2）.

Houji 后记

在编写组同事的共同努力下《重庆市少数民族碑刻楹联》的编写工作终于完成，掩卷而思，感慨颇多，这其中更多的不是即将付梓的喜悦，而是因时间仓促，水平有限却勉力成书的忐忑和继续做好后续研究工作的任重道远。

渝东南是四个直辖市中唯一有少数民族自治县且集中连片的少数民族聚居区，群山叠嶂、山重水复的阻隔却使这里沉淀了丰富的民族文化资源，展现了一次又一次不同文化的碰撞、交流与融合的历史。历史的悠久造就了丰富的文化，而这丰富的文化也让我们编写组的每一个成员所惊诧，原定的资料收集时间一延再延，但有限的时间、人力、财力仍然不足以全部实地勘测，不得已只有更改原定的资料收集计划，转而向各区县文管所求助。万幸各地文管所慷慨应允，将他们历尽千辛、耗时多载收集到的珍贵资料倾囊相赠，让我们编写组的成员欢呼与赞叹：美丽的山水孕育了美丽的人民。他们的无私让那些荒弃山间、久无问津的碑刻、石刻得以走入文化的视野，对于保护和挖掘其非物质文化价值都有重要意义。

本书的大量资料来自各区县文管所历次的文物普查记录，经历过在重山中披荆斩棘，备受毒刺、虫豸、暴雨、烈日侵扰的我们，深知野外调查的艰苦与不易，更懂得第一手资料得来的艰难与珍贵，本书得以出版是凝聚了他们的辛劳与汗水的，谨于此向那些默默付出的工作人员致以深深的谢意。

本书的出版要感谢《武隆县文物志》主编田城所长和陈建军等编写组的成员，要感谢秀山土家族苗族自治县文物管理所肖红所长、彭燕主任和民俗文化研究者刘济平、姚祖恩老师，要感谢武隆县档案局的各位领导，尤其是胡国斌老师，也要感谢《酉阳自治县不可移动文物总目》

主编罗万明和编写组的成员，感谢《石柱文物图志》主编汤平和编写组的成员，感谢彭水学者高仲、苏兵，还要感谢许多给予我们帮助、支持的默默无闻的文化工作者和彭水苗族土家族自治县文物管理所、石柱土家族自治县文物管理所、武隆县文物管理所、秀山土家族苗族自治县文物管理所、酉阳土家族苗族自治县文物管理所、黔江文物管理所、武陵都市报等有关部门，是他们的鼎力支持和倾囊相助才促成了我们的编辑整理工作顺利完成。

本书的编辑出版也要感谢重庆旅游职业学院领导，他们对本书的编印工作给予了大力支持，除了在经费和人员配置上无条件地支持外，还在百忙之中抽出时间为我们联系文管所、文化局等政府部门，或亲自带我们找资料、找文献，并在本书的编写过程中提了很多宝贵的意见。

本书的编辑出版还要感谢编写组的田城、杜继臣、胡国斌、刘济平、彭燕、杨哨、汤平、肖红、张世锋、周霖、秦淑芬、陈建军等，他们在前期实地勘察中有因山坡陡峻而摔伤的，有被蚊虫叮咬过敏而满身疙瘩、多日未消的，但他们从没有叫过苦；在编写过程中挤出空余时间，挑灯熬夜，废寝忘食，但他们从没有叫过累，不叫苦不叫累是源于他们对渝东南地区文化的热爱与执着，源于他们对文化传承所自觉肩负起的使命感和责任感。

本书的编写得到了很多的帮助，他们给予我们帮助时对我们充满了期望，但由于田野调查的图片中部分文字模糊而识别困难，加之参考资料间因版本不同而存在差异，难免存在错讹之处和不令人满意的地方，切盼各位专家、学者和广大读者不吝指正。